Ⓢ新潮新書

石井洋二郎
ISHII Yojiro

東京大学の式辞

歴代総長の贈る言葉

988

新潮社

はじめに

インターネットの普及のおかげで、最近は大学の入学式や卒業式で述べられたスピーチがしばしば話題にのぼるようになりました。

私自身、二〇一五年三月二十五日に挙行された平成二十六年度の東京大学教養学部学位記伝達式（大学全体で挙行される卒業式の後、学部ごとにおこなわれる儀式）で、昔の東大総長の有名な式辞が不正確な形で後世に伝えられてきた事例をとりあげ、情報伝達にひそむ危険と「教養」のあり方について話をしたところ、間をおかずにネットに関連記事が掲載され、わずか数日のうちに四十万回を超えるアクセス数を記録するという、思いがけない経験をしたことがあります。

それほど特別なことを言ったつもりはなかったので、この意外な反響の大きさにはただ驚くしかなかったのですが、百数十名程度の卒業生を前にして語った話が見る見るうちに拡散していく様子をまのあたりにして、なるほど、これはまさにネット時代ならではの現象だなと思った次第です。

本来、式辞というのは特定の場所で、特定の機会に、特定の聴衆を相手として語られるものですから、原則的には「閉ざされた」言説です。しかしその内容がSNS等で拡散され、現場にいなかった者でもこれを知ることができるようになると、しだいに公的な性格を帯び、一般の人たちにも「開かれた」言説へと変化してきました。これは大学という場で何が語られているのかが世間の関心事になっていることの証拠ですから、大いに歓迎すべきことでしょう。じっさい多くの大学では近年、おもだった儀式での式辞をホームページで公開していますので、誰でも手軽に目を通すことができます。

けれどもネットが普及する以前はいったいどのような式辞が述べられていたのか、そしてそれらは時代とともにどのような変遷を遂げてきたのかとなると、各大学に保存されている資料をわざわざ探してみない限り、なかなか知ることはできません。

そんな関心に応えてくれる文献として、いま私の目の前には、ブルーの函に入った分厚い一冊の書物があります。タイトルは『東京大学歴代総長式辞告辞集』（以下、随時『式辞告辞集』と略します）、発行は一九九七年（平成九年）十月、編者は「東京大学創立一二〇周年記念刊行会」。読んで字の通り、東京大学の創立一二〇周年を記念して、歴代総長が折に触れて述べてきた式辞を集めたものです（「式辞」と「告辞」は厳密にいえば区別されますが、本書ではすべて「式辞」と呼ぶことにします）。

収録されているのは、初代総長の渡辺洪基《ひろもと》（以下、すべて敬称略）の卒業式式辞から第二十六代総長の蓮實重彦の入学式式辞まで、全部で一五二編。八八七ページにもおよぶ浩瀚な一冊で、手に持つとずっしり重く感じられます。その重みはもちろん物理的なものですが、同時に、歴史的なものでもあることは言うまでもありません。

蓮實重彦による巻頭の文章、「「総長」という名称をめぐって──前書きにかえて」には、「東京大学一二〇年の歩みは、そのまま近代日本の歴史にかさなりあっております。ここにおさめられた歴代「総長」の式辞・告辞に、そのつど、世界の情勢や国内問題に対する言及がなまなましく影を落としているのは当然であります」という一節が見られますが、この言葉通り、まさにこの書物は近代日本の歴史を考える上で貴重な資料であり、一冊の読み物としてもきわめて興味深いものです。

ただし昔の式辞は（特に戦前のそれは）たいてい古めかしい文体で書かれていますし、今日ではあまり目にしない難解な語彙もかなり出てきますから、気楽に読み飛ばすというわけにはいきません。また、当時の社会情勢や時代背景を知らないとよく意味のわからない話も多数含まれています。

そこで本書では、歴代総長の式辞から興味深いと思われる部分を抜粋し、できるだけわかりやすく解説を加えながら、明治から大正・昭和を経て平成へと至る日本の歩みと重ね合わせて読んでみたいと思います。文献の性格上、対象は東京大学に限られますが、これが日本で最も古い伝統をもつ高等教育機関のひとつであり、長年にわたってわが国の近代史と深く関わってきたことに鑑みれば、その意義はじゅうぶん認められるでしょう。

なお、『式辞告辞集』で読めるのは十九世紀末から二十世紀末までの資料に限定されますので、二十一世紀に関しては最後に番外編として「補章」を設け、近年マスコミでも話題になった三つの来賓祝辞をとりあげることにしました。いずれも話者の個性が明確に打ち出されたスピーチばかりですから、総長の式辞とはまた違った視点や知見を与えてくれるはずです。

残された厖大《ぼうだい》な文章のうち、具体的に触れることができるのはごく一部にすぎませんし、紙幅の関係で、それぞれの全文を掲げることもできません。しかし限られた範囲ではあれ、社会のめまぐるしい変遷の中で学問の府である大学が社会とどのように関わってきたのか、その一面なりとも示すことができればと考えています。

東京大学は一八七七年の創立後、一八八六年に「帝国大学」、一八九七年に「東京帝国大学」と名称を変更し、戦後にふたたび「東京大学」となり、一九四九年には新制東京大学が発足、二〇〇三年（平成十五年）の国立大学法人法制定以降は「国立大学法人東京大学」となって現在に至ります。したがって正式名称は時期によって異なるわけですが、本書では原則として「東京大学」という呼称を一貫して用いておくことにします。また「総長」という役職名をめぐってもいろいろな経緯がありますが、これについては先に触れた『式辞告辞集』の巻頭言に詳しい説明がありますので、ここでは触れません。

本書の目的は、あくまでも書かれた文章としての式辞を時代と関連づけながら読むことであって、東京大学の歴史そのものを記述することではありませんし、歴代総長の経歴や人物像を紹介することでもありません。その方面にご関心がおありの向きは、巻末に挙げた文献を適宜参照してください。

なお、『式辞告辞集』では一貫して元号表記が用いられていますが、本書では基本的に西暦表記を用い、必要に応じて（　）で元号表記を随時付記することにしました。また、読みやすさを考えて、引用文中の読みにくい漢字には適宜、原文にないルビをつけたことをお断りしておきます。

東京大学の式辞　歴代総長の贈る言葉◆目次

はじめに　3

第1章　富強の思想、愛国の言葉（一八七七－一九三八）　13
明治維新後、ほどなく創設された東京大学。国力を高め、欧米列強に伍するために学問が果たすべき使命とは――日清・日露をはじめ「戦争の時代」を目前に語られたこと。

第2章　戦争の荒波に揉まれて（一九三八－一九四五）　39
一身を君国に捧ぐるの覚悟を――皇国史観に揺れる学問の府と、命を散らす学徒。日中戦争勃発から太平洋戦争、そして敗戦まで。色濃く映し出された、あの時代の空気とは。

第3章　国家主義から民主主義へ（一九四五－一九五二）　65
新憲法がもたらした戦後民主主義。女子学生の入学、新制大学への移行など大学のあり方が一新される一方で、講和をめぐり南原総長の理想と政治権力という現実が衝突する。

第4章　平和と自由のために尽くす人となれ（一九五一－一九五七）　91
講和によって日本は自主独立を取り戻し、大学は「国策大学」から「国立大学」へと姿をあらためる。平和主義、学問の自由、そして大学の自治を問い直す矢内原総長の信念。

第5章　肥った豚よりも痩せたソクラテス？（一九五七－一九六八）　117
東大籠城事件やデモ隊の国会突入など六〇年安保闘争の騒乱の中、大学教育の真価が問われる。長く語り伝えられてきた大河内総長の「名式辞」の真実とは。

第6章　ノブレス・オブリージュ、国際人、多様性（一九六八－一九八五）　143
「高き身分の者に伴う義務」を負い、「よくできる人」より「よくできた人」に――学生紛争が終わり、大学自体が大衆化していく転換期、求められる人材像にも変化が起きる。

第7章　あらゆる学問分野の連携を（一九八五－一九九三）　169
バブルの狂躁、冷戦終結など国内外とも情勢は大きく変わる。気候変動をはじめ人類規模の問題と学問はどう向き合うか。突っ込みどころ満載の言葉から次代への正論まで。

第8章　未来へ伝達すべきもの（一九九三ー二〇〇一）　195
東大の式辞は、矛盾と葛藤に満ちた日本の近現代史と見事に重なりあう。阪神・淡路大震災を経て、二十世紀の終わりに二人の総長が贈った未来への「祝福」とは――。

補　章　いま君たちはどう生きるか（来賓の祝辞から）　223
独創力、人間力、想像力、ノブレス……安藤忠雄、ロバート キャンベル、上野千鶴子ら近年話題になった三氏の祝辞が示した、若者たちへの熱いメッセージ。

おわりに　240
主要参考文献　244
脚　注　245
東京大学の式辞関連年表　252

第1章　富強の思想、愛国の言葉（一八七七－一九三八）

「はじめに」でも述べたように、東京大学は一八七七年（明治十年）に創設されましたが、当初はまだ「総長」という官職は存在せず、法学部、理学部、文学部の三学部を統括する「綜理」と、医学部を統括する「綜理」の二人が並存していました。一八八一年（明治十四年）にこれらを統一する形で「総理」という官職が設けられ、三学部の綜理であった法学者・政治学者の加藤弘之がその職に就きます。したがって東京大学全体を統括する初代の役職者は加藤ということになるのですが、一八八六年に帝国大学令が公布されてはじめて「総長」という職名が用いられるようになり、このときその職に就いたのは、外務官僚出身の渡辺洪基（在任一八八六－九〇）でした。したがって、東京大学の正式な初代総長は渡辺ということになります。

渡辺洪基は元老院議官や東京府知事などを務めた人物ですが、いわゆる学者ではありませんでした。当時は総長選挙などという制度は存在せず、伊藤博文を内閣総理大臣とする明治政府の意向に沿った指名人事がおこなわれたのです。

『式辞告辞集』の最初に収められているのは、渡辺が一八八六年（明治十九年）七月十日の卒業式で語った挨拶文で、漢字片仮名混じりの文語調で書かれています（東京大学は当初秋入学でしたので、卒業式は七月十日前後におこなわれるのが慣例でした）。

この式辞の書き出しは「我カ諸大臣及外国公使各位閣下并《ナラビ》ニ内外ノ紳士諸君」というもので、この文面から当時の大臣や外国の公使たちが儀式に列席していたこと、また「紳士諸君」とあることから、女性はその場に一人もいなかったことがわかります。そして卒業証書を得たのは「法科ニ於テ十一名医科ニ於テ三名工科ニ於テ二十六名文科ニ於テ三名理科ニ於テ六名以上四十九名」とありますから、毎年三、〇〇〇名以上の卒業生を送り出している今日と比べれば、比較にならないくらい小規模な式典でした。

翌年以降の卒業式では書き出しに「親王殿下」が加わっていますので、皇族も臨席していたことがうかがえます。また、結びには「天皇陛下聖寿万年ヲ祈リ」（一八八七年七月九日）、「天皇陛下ノ万歳ヲ祝シ」（一八八八年七月十日）など、明治天皇の長寿を祈願する文言も見られ、発足当時の雰囲気が垣間見られます。

なお、渡辺総長在任中の一八八九年二月十一日には大日本帝国憲法が発布され、日本は急速に近代国家としての形を整えていきました。

　こうした式辞の文体と基調は、第二代総長となった前出の加藤弘之（在任一八九〇－九三）から、第三代総長の浜尾新《あらた》（文部行政官、在任一八九三－九七）へと受け継がれ、第五代総長の菊池大麓《だいろく》（数学者、在任一八九八－一九〇一）まで、おおむね変わりはありません（第四代総長の社会学者、外山正一《まさかず》は一八九七年十一月から九八年四月までの半年間のみの在任で、式辞は残っていないようです）。菊池総長時代の一八九九年（明治三十二年）からは、卒業式に天皇が臨席して成績優秀者に銀時計を下賜することが慣例となり、一時的な例外を除いて一九一八年（大正七年）まで続きました。

　これら初期の歴代総長は、加藤弘之が帝国学士院長や枢密顧問官、浜尾新・外山正一・菊池大麓の三人は文部大臣を務めるなど、いずれも当時の政界・官界の要職を歴任しており、この点からも創立当初の東京大学が明治政府と一体であったことが推察されます。また、浜尾新は文部大臣職を辞した後、東京大学に再任されて一九〇五年から一二年までの七年間、第八代総長も務めましたので、通算の在任期間は十一年四か月の長きに及びます（二度にわたって総長を務めたのは、彼と、次項でとりあげる山川健次郎の二人だけです）。

その浜尾新の第三代総長時代、一八九五年（明治二十八年）七月十日の卒業式式辞から、一箇所引用してみましょう。

夫レ学術技芸ハ近世文明ノ要素ニシテ其進否ハ国力ノ弛張ニ関スルコト太《ハナハダ》大ナリ方今帝国未曾有ノ昌運ニ際シ宇内《ウダイ》ノ大国ト対峙シ文明ヲ競ヒ富強ヲ致サンニハ武備ト共ニ文備ヲ充足シ益々学術技芸ノ進歩ヲ図ラサルヘカラス

学術技芸は国力の増減に大きく関わるものであるから、わが国がかつてない隆盛を遂げつつある今、宇内（世界）の大国と対決し競い合うためには、武力だけでなく学芸を振興することが必須であるという趣旨ですが、こうした式辞が述べられたことの背景には、前年（一八九四年）八月一日に始まった日清戦争で日本が勝利を収めたという事情がありました。この勝利によって、日本はアジアにおける近代国家としての地位を確立し、国際的存在感を高めつつあったのです。そんな時流を反映して、この文章には大学で学問を修めることがもっぱら「富強ヲ致ス」こと、すなわち国力増強のためであるという思想がはっきり読み取れます。行政官出身であるだけに、浜尾総長の式辞には明治政府の意向が濃厚に反映されているのでしょう。

愛国の言葉

第六代総長の山川健次郎（在任一九〇一－〇五）は、東京大学で初の理学博士号を取得した物理学者ですが、学者としての業績よりも、どちらかといえば大学行政における経歴によって名前を残した人物として評価されています。

彼の在任中、日露戦争開戦前の一九〇三年（明治三十六年）六月には、対ロシア強硬論を主張する七名の東大教授が政府の軟弱な姿勢を批判する意見書を公表、時の総理であった桂太郎に直談判するという事件（七博士建白事件）がありました。彼らは戦争終結後も日露講和条約の締結に強く反対したため、一九〇五年八月には中心人物であった法科大学の戸水寛人《ひろんど》教授が、文部省令によって休職処分になります（戸水事件[1]）。

主張の当否は別として、これは教授人事に政府が直接介入したという意味で大学自治の根幹に関わる問題ですから、大学側が反発しないはずはありません。山川総長は事件の責任をとって同年十二月二日に辞職しましたが[2]、教授陣は一丸となって激しい抗議行動を展開し、京都大学の教授陣もこれに同調して総辞職を宣言するという事態にまで発展しました。この強硬手段が功を奏し、時の文部大臣であった久保田譲は辞職に追い込まれ、戸水教授は翌年（一九〇六年）一月に復職することになります。

山川はすぐには復職しませんでしたが、後にふたたび第九代の総長（在任一九一三－二〇）となり、通算の在任期間は最終的に浜尾新を超えて、歴代最長の十一年十一か月に及んでいます。また、彼は一九一九年（大正八年）七月の制度変更にともない、教授全員の投票によってあらためて総長候補者として選出されたので、学内選挙による最初の総長ということになります。これ以降、東京大学では原則的にこの総長選出方法が定着しました。

ちなみに山川健次郎が二度目の総長職に就く前の第八代総長は、先に述べた通り第三代総長を務めた浜尾新で、その在任中には伊藤博文の暗殺事件（一九〇九年十月）、韓国併合（一九一〇年八月）、大逆事件[3]（一九一一年一月）など、歴史に刻まれる大きなできごとが相次いで起こっています。これらの事態にたいして東大総長が学生たちにどのような言葉を語っていたのか、知りたいところではありますが、残念ながら『式辞告辞集』にこの時期の式辞はひとつも収録されていません。

一九一二年七月三十日に明治天皇が崩御し、時代は大正に移りました。それから一年余を経た一九一三年（大正二年）十月十一日、二度目の総長職に就いて半年を迎える山川が述べた「新入学生宣誓式に於ける告辞」は、それまでと違って、初めて漢字平仮名混じりの口語文で書かれています。これは文体上の大きな変化ですが、中身はというと、今日の私たちの目から見るといささか過激とも思える国家主義的な言辞があふれています。目についたいくつかのフレーズを抜き出してみましょう。

> 国家が大学を設けて諸子を教育するのは、国家の須要に応ずる人才を養成する為めである。諸子は国家の為めに学問するものであつて、自己の為めに学問するものではない。
>
> 一旦志を決して帝国大学に入学した上は、身を国家に献ずる覚悟がなくてはならんと思ふのである。
>
> 如《も》し我国が他の民族の為めに征服せられた時には、矢張異人種・異教徒と云ふ理由から如何なる虐待を受くべきかは想像するに難くはない。我が民族の構成する国家

を失つたなら、個人の幸福などと云ふものは我が輩はないと思ふ。世に個人主義などと云ふを唱ふる人のあるのは、我が輩は実に不思議と思ふのである。

山川健次郎は江戸時代末期の一八五四年、会津藩士の家に生まれ、少年時代には白虎隊に加わって明治政府と戦ったこともある人物です。このとき培われた藩への強い忠誠心が、のちに対象を国家に変えて、「国民は国家に尽くすためにある」という愛国思想へとつながっていったのでしょう。現に一九〇四年二月の日露戦争勃発時には、一度目の総長在任中であったにもかかわらず、ただの一兵卒としての従軍を願い出て、陸軍の担当者を困惑させたというエピソードが残っているくらいです。こうした事情を知ってみれば、彼が熱い口調で滅私奉公の精神を説いているのはまったく不思議なことではありません。

山川総長のこうした思想傾向は、その後の入学式式辞においても繰り返し顔をのぞかせています。「近来青年者間には雄々しき日本男児の気風を失つて、女々しい軟文学に耽り、似而非《えせ》芸術に溺れるものが少なからずと聞く」（一九一五年十月九日）などという言葉は、「文弱の徒」ならずとも聞き捨てならない暴言でしょうし、「兵役忌避などするものあるは洵《まこと》に怪しからぬことである」（一九一六年十月十四日）という発言も、西欧で第一次世界大戦が進行中という背景があったとはいえ、今日なら炎上間違いなしの問題発言です。

もっとも、彼はけっして国粋思想一本槍の好戦主義者だったわけではなく、あくまで「筋を通す」ことにこだわった一徹な人物だったというのが実情のようです。たとえば国民皆兵主義を唱える一方で、彼は一九一五年の入学式で「只尚武《しょうぶ》を奨励する弊害として、黷武《とくぶ》即ち武を黷《けが》すことに陥り易いのは注意を要する」とも述べていました。「尚武」が純粋に軍事を尊ぶことを意味するのにたいし、「黷武」はむやみに戦いを仕掛けることを意味します。山川総長は両者を明確に区別して、「神聖なる可き国際間の条約を無視し、無名の師を起して人の国を侵略することを謀る」ことは黷武主義であり、「之は是非打破すべきである」と主張していたのです（「無名《むめい》の師」または「無名《むみょう》の師」とは、「起こすいわれのないいくさ」、「大義名分のない戦争」という意味です）。

山川健次郎がもし今生きていて、二〇二二年二月に起きたロシアによるウクライナ侵攻の報を聞いたとしたら、まさに「黷武主義」による「無名の師」として断固糾弾したにちがいありません。

関東大震災からの復興

第十代総長の古在由直《よしなお》（在任一九二〇－二八）は、大正から昭和への移行期に八年にわたって在任した農学者です。就任二年目の一九二一年（大正十年）には、明治期の半ばに初等・中等教育の学校や師範学校が順次四月入学に移行したのにあわせ、大学も秋入学から春入学に移行することになりました。したがってこれ以降、原則的に入学式は四月、卒業式は三月というパターンが定着します[4]。ただし古在総長の在任時代にはいずれの儀式も挙行されていないため、『式辞告辞集』に収められているのは『古在由直博士』という文献から適宜選ばれた五編の文章です。

古在総長在任四年目の一九二三年（大正十二年）九月一日には関東大震災が起こり、東京大学も甚大な被害をこうむりました。赤門近くで発生した火災はまたたく間に周辺の建物を焼き尽くし、図書館も全焼して、七十五万冊に及ぶ蔵書や貴重な資料が失われたといいます。これにともなって、同年十月にはキャンパスの移転問題がもちあがり、一旦は代々木地区に土地を取得して移転する案が決まりましたが、種々の困難からこの計画は断念され、最終的には本郷キャンパスにとどまったまま復興を進めることになりました。総長はその対応に忙殺されていて、当然ながらこの時期にはとても式典を催すどころではなかったようです。

震災から二年半を経た一九二六年（大正十五年）三月八日には、ようやく大学の第五十回記念式典が挙行されました。これはのちに第十四代総長に就任することになる建築学者の内田祥三《よしかず》と弟子の岸田日出刀《ひでと》との共同設計で前年七月に完成したばかりの安田講堂でおこなわれた、最初の記念式典です。講堂の建設は震災前の一九二二年（大正十一年）十二月にすでに始められており、震災によってもほとんど被害がなかったおかげで、着工から丸三年かからずに竣工したのでした。一九二八年（昭和三年）三月三十一日の卒業式[5]以後、おもだった式典はここで催されるのが慣例となります。

一九二六年十二月二十五日には大正天皇が崩御し、時代は昭和へと移りました。東京大学はその翌年、一九二七年（昭和二年）に創立五十周年を迎えましたが、まだ被災地の復興が緒についたばかりであったことに鑑み、記念祝典は延期されました。総長は翌年の三月五日付の文章でその経緯を説明した後、学生に向けて次のように述べています。

凡《およ》そ学術の研究はいふまでもなく事物の真相を明にし真理の指し示す所に従つて

人生の幸福を増進し社会国家の進運を計るのを目的と致します。物事の真相を明にするためには綿密に材料を調べあらゆる方面の関係を尋ね求めて即断に陥らぬ様に注意することが必要であります。古語に盾の両面を看よと云ふ言がありますが一枚の盾すら能く裏と表とを検査して見なければ思ひ設けぬ誤に陥ることがある。況んや宇宙人生の事は啻《ただ》に両面のみでなく極めて多面であり一見しては矛盾衝突して居る様な事でもその根柢を探つて見ると必然の聯絡のあることもありますから真理の究明判断にも又それを実際に応用するにも多方面の関係や隠れたる消息を能く配慮して見なければなりませぬ。

この文章には「楯の両面を看よ」という標題が付されていますが、学問に臨むにあたっては物事の一面のみ見てはならない、一見矛盾に思えることがらの奥にも隠れた脈絡があるかもしれないのだから、対象を多面的に観察し考察しなければならないという趣旨の、いかにも学者らしい訓示になっています。前に見た浜尾新や山川健次郎の式辞が、もっぱら「国家のため」「国力増強のため」という目的を強調する内容であったのに比べると、古在総長の文章は学問そのものの在り方を説くものになっていて、このあたりに時代の移り変わりを見て取ることができるかもしれません。

古在由直は健康上の理由から、一九二八年（昭和三年）十二月をもって総長の職を辞しますが、退任にあたって書かれた「親愛なる学生諸君に告ぐ」（一九二九年一月九日）という文章には、「我々の生涯は永い様で実は案外短いのだ。［……］今年出来ぬ事は又来年やり直せとは若い人達のよくいふ所だが、本当の所今日といふ時は決して二度と来るのではない」といった一節があって、貴重な学生時代を無為に過ごしてはならない、今日という日を大事に生きよ、というメッセージが切実な口調で語られています。

なお、関東大震災で焼失した図書館はジョン・ロックフェラー・ジュニアからの寄付を受けて新たな建物の工事が進められ、古在総長の退任直前、一九二八年十二月一日に竣工式がおこなわれています。その設計者も、安田講堂と同じく内田祥三でした。

大学は出たけれど

第十一代総長の小野塚喜平次《きへいじ》（在任一九二八－三四）は、健康を害していた古在総長の代理を九か月間務めてから正式に就任した政治学者です。一九〇三年に対露強硬派による「七博士建白事件」があったことは前述しましたが、「七博士」の中には彼も含まれていました。

この事実だけ見ると強硬な排外主義者であったかのようにも思われますが、実際は大学の自治と学問の自由を重んじた人物で、大正デモクラシーの代名詞的存在である吉野作造や、後に第十五代総長として戦後の東京大学を導くことになる南原繁など、リベラルな思想家たちに大きな影響を与えました。『式辞告辞集』には総長代理時代を含めて、七回分の卒業式式辞が収められています。

それらを通読してまず目につくのは、毎年のように繰り返されている「就職難」という言葉です。「諸君は［……］幸いにして一般世人に比しては頗る有利な地位に居らる丶、夫れにも拘らず就職難の心配と無関係でないことは明白の事実です」（一九二九年三月三十日）、「今日の我が国の社会情勢は、新に学窓を出で丶、職を社会に求むる者にとつて甚だ困難な時期であります。所謂就職難の時代であります」（一九三〇年三月三十一日）、「目下の大問題たる就職難の事実は固より種々の原因の産みたる結果であるが……」（一九三一年三月三十一日）、「諸君が学窓を出づるに当り、今日の如き未曾有の就職難の時期に遭遇したるは誠に同情に堪えざる次第であつて……」（一九三二年三月三十一日）等々。

小野塚喜平次がこれほど何度も就職難の問題に言及している背景には、昭和初期の深刻な不況がありました。彼が総長職に就く以前の一九二七年（昭和二年）にも、すでに昭和金融恐慌が起こっていて、日本経済は不安定な状況にありましたが、一九二九年（昭和四年）にはアメリカを震源地として、いわゆる世界大恐慌が発生し、翌年からは日本も「昭和恐慌」と呼ばれる重大な経済危機に陥りました。右に挙げたいくつかの式辞には、こうした事情が如実に反映されています。

小津安二郎監督のサイレント映画に『大学は出たけれど』（一九二九年）という作品がありますが、[6]そこではまさに当時の社会情勢を背景に、大学を出ても就職先が見つからない若者の姿が描かれています。

主人公の野本徹夫（高田稔）は、職を求めて訪問した会社で「受付なら」と言われ、「失礼ですがぼくは大学を卒業しました」と言って、憤然と立ち去ってしまう。ところがまだ職が見つかっていないのに「就職できた」と嘘の電報を送ったため、母親がそれを信じて、息子の婚約者である町子（田中絹代）を連れて上京する。二人は一緒に暮らし始めるけれども、一向に出社する様子のない徹夫から事実を告げられた町子は、カフェの女給として働き始める。それを知った徹夫は、前に訪れた会社にふたたび足を運び、受付でもいいから働かせてくれと言う。すると社長は、徹夫が苦労して世の中がわかったことを認め、社員として採用する、という筋書きです。原作は小津の盟友であった清水宏で、もともと七十分の作品のうち残っているのは十一分のみですが、その中でストーリーは完結しています。

大正から昭和初期にかけての大学進学率は一桁にすぎず、大学を出たこと自体が少数エリートの証拠であったことは間違いありません。一九一七年（大正六年）には流行ユーモア作家、奥野他見男の『学士様なら娘をやろか』という小説が出版されていますし、一九二六年（大正十五年）には三枝源次郎監督の『娘やるなら学士様へ』という映画も制作されているくらいです。

つまり学士というのは「様」をつけて呼ばれるほど評価が高く、安定した収入が保証された身分であって、食べるのに困るなどということは考えられなかったわけですが、昭和恐慌期には数年間にわたって厳しい就職難が続き、この状況は一変しました。野本徹夫ならずとも、プライドを打ち砕かれたであろうことは想像に難くありません。

ちなみに官公立の大学卒業者の就職率は、一九二八年（昭和三年）には文系五二・六％、理系七一・二％でしたが、二九年になると文系三五・二％、理系六〇・二％と大きく下がり、三〇年には文系三一・一％、理系五八・八％、三一年には文系三二・一％、理系五一・九％にまで落ち込んでいます[7]。文系では七割、理系でも五割の学士が職にあぶれていたわけで、東京大学の卒業生もこの状況を逃れることはできなかったでしょうから、小野塚総長が繰り返しこの問題に言及しているのは無理もないことでした。

緊迫する国際情勢

小野塚総長の式辞では、研究的精神、人格修養、高遠な理想、社会的寄与などの重要性が言葉を換えながら繰り返し説かれています。「大学は単純なる職業教育を主たる目的とはせず即ち単に直ちに実用に適する者を作ることを主たる目的と為して居らないのであります」（一九三〇年三月三十一日）といった言葉は、実用主義がますます幅を利かせつつある昨今、あらためて嚙みしめられるべきものでしょう。

その一方、さすがに政治学者だけあって、任期後半になると国際情勢への言及がしばしば見られます。たとえば一九三二年（昭和七年）三月三十一日の卒業式では――

他方政治上に現れて国民主義は仏独の確執となり、独逸に於ては遂にヒットラー運動をして猖獗《しょうけつ》ならしめ、ブリアンの協調主義は彼をして仏国に於て不評裡に終りを告げしめ、米国をして欧洲の混乱より手を引かしむるというロッヂ式の政策も米国に於ける国民主義の結果であり、又ムッソリーニの伊太利国民主義強調は天下周知の事実であります。

ヒットラーとムッソリーニについては説明不要でしょう。「ブリアン」は一九〇九年から一九二〇年代にかけて何度も首相などの要職を務めたフランスの政治家、アリスティード・ブリアン（一八六二－一九三二）のことで、一九二六年にはノーベル平和賞を受賞しています。ここで「協調主義」とあるのは、彼がアメリカの元国務長官であるフランク・ケロッグと協力して一九二八年にパリ不戦条約（国際紛争の解決にあたっては武力によらず平和的手段によることを取り決めた条約で、日本の憲法第九条と同じ精神に基づくもの）を締結したことを踏まえたものでしょう。

また「ロッヂ」とあるのはアメリカの政治家、ヘンリー・カボット・ロッジ（一八五〇－一九二四）のことで、彼は連邦上院議員時代、ウィルソン大統領が提唱して創設された国際連盟への加盟をめぐって、ヨーロッパ諸国の紛争に巻き込まれることを避けて距離を置こうとするモンロー主義の立場から反対し、けっきょくアメリカの加盟を阻んだ人物です。

この式辞が読まれたのは、前年（一九三一年）九月の柳条湖事件に端を発して満州事変が勃発し、この地域を掌握する関東軍主導で満州国建国が宣言された一九三二年三月一日のわずか一か月後のことでした。つまり、日本がまさに大陸への進出を開始していた時期にあたるわけで、欧米の不安定な情勢はけっして対岸の火事ではなかったどころか、むしろ此岸の火事となりつつあったのです。じっさい、それからほぼ一年後の一九三三年二月二十四日の国際連盟総会で、満州国の主権は中華民国にありとする報告書に反発した日本代表団はその場で退場し、連盟を脱退することになったのでした。

小野塚総長の任期中最後の式辞となった一九三四年（昭和九年）三月三十一日の卒業式では、アメリカとドイツを例にとって、前者を「自然的実質的挙国一致」「立憲的準独裁国」、後者を「人為的形式的挙国一致」「専断的独裁国」と定義しています。そして前者を率いるフランクリン・ルーズヴェルトのニューディール政策（式辞では「新処理法」と訳されています）を高く評価する一方、後者については「現状憎悪の一点に於て統一せられて居た」にすぎないナチスが「国民感情の刺戟によつて強力的に政権を掌握せる結果として、同志以外の者に対しては種々なる常軌を逸せる弾圧」をおこなっていることを批判しています。政治学者ならではの冷静な分析に基づく発言でしょう。

戦争への道

小野塚総長の跡を継いだ第十二代総長の長与又郎（在任一九三四－三八）は、癌研究の世界的権威として知られる病理学者で、医学部出身としては最初の総長です。『式辞告辞集』に収められているのは任期四年間に述べられた卒業式の式辞ですが、一貫して強調されているのは、修学の継続、健全なる常識の涵養、思索の必要、人格の修養の四点です。

このうち第四点については、次のような言葉が目を引きます。

人格修養の方法に就ては各人の工夫に待つものでありますが、教育勅語の御趣旨を文字通り実践躬行《きゅうこう》することが大切であると信じます。畏れ多いことではありますが、之は実に古今《ここん》に通じて謬《あやま》らず中外に施《ほどこ》して悖《もと》らざる千古《せんこ》不磨《ふま》の聖典であると拝します。（一九三五年三月三十日）

東京大学総長の式辞に突然、教育勅語への言及が出てくることにはハッとさせられますが、もともと一八九〇年（明治二十三年）の発布時に奉読式がおこなわれたのは東京大学（当時は「帝国大学」）においてでしたし、この文書が戦前の日本で国民教育の根幹をなすものとして神聖化されていたことは周知の通りですから、さほど驚くことではないのかもしれません。右の引用にある「古今に通じて謬らず中外に施して悖らざる」という一節は勅語に出てくる表現をそのまま借りたもので、「昔も今も間違いがなく、わが国でも外国でも理にそむくことのない」といった意味です。

有名な「朕惟《チンオモ》フニ」の一句で始まる教育勅語の原文は短いものですし、現代語訳も何種類かありますので、ここに掲げることはしませんが、これが当時の学校では天皇の「御真影《ごしんえい》」とともに保管され、生徒たちが全文を暗唱させられていたという事情を踏まえてみれば、長与総長がこれを「千古不磨の聖典」とまで称揚して人格陶冶の範とすべきことを説いたのも、やはり時代のなせるわざということなのでしょうか。

ちなみにこの式辞が読まれたのと同じ一九三五年（昭和十年）二月には、天皇機関説が不敬罪にあたるとして貴族院で問題視され、主唱者の美濃部達吉が議員辞職に追い込まれるという事件がありました。

この学説はもともと大日本帝国憲法のもとで確立されたもので、国家を法人とみなした上で天皇をその最高機関として位置づけるという趣旨でしたから、けっして「不敬罪」にあたるような性格のものではなかったわけですが、「機関」という用語の正確な意味が理解できなかった一部の議員から不当な糾弾を受けることになったわけです（この件に関しては、議会で美濃部が弁明演説をしたとき、総長退任後に議員となってその場にいた小野塚喜平次が拍手したという話が伝えられています）。

翌年（一九三六年）の二月二十六日には「二・二六事件」が起こり、一部の陸軍青年将校によるクーデタを鎮圧した軍部が政治への発言権を拡大する結果となりました。そして一九三七年（昭和十二年）七月には盧溝橋事件をきっかけに日中戦争（長与総長の式辞では「支那事変」と呼ばれています）が始まり、同年八月には国民精神総動員実施要綱が閣議決定されて、世は戦争一色に染め上げられていきます。

その空気を象徴するかのように、九月には東京大学経済学部教授で、戦後に第十六代総長となる矢内原忠雄が『中央公論』誌に発表した「国家の理想」という論文が、軍国主義批判であるとして槍玉にあげられるという事件がありました。

長与総長はこのとき、「自由思想を抱く者は一人も大学教授たるを得ざる時は大学の学問の自由没落す」、「矢内原は学者として立派なり。海外に於ける声価も高し。イデオロギーの異なるものを排斥するは、偏狭なり。大学は多様に於ける統一が理想なり」と日記に記しており、彼を擁護する姿勢を示していました。しかし矢内原がある講演[8]の最後で「日本の理想を生かすために、一先《ひとま》づこの国を葬ってください」と口にしたことがまもなく発覚すると、もはやこれ以上庇い続けることはできないと判断したようで、矢内原は十二月に辞職を余儀なくされます。

長与総長時代にはこのように、学説の曲解や一方的な解釈に基づく露骨な思想弾圧事件が相次いで起こり、東京大学は常に緊張を強いられる受難の時代だったわけですが、こうした歴史の流れの中で彼が述べた一九三八年（昭和十三年）三月三十一日の卒業式式辞は、次のようなものでした。

諸君の悉知《しっち》せらるる如く、我国は今や未曾有の非常時局に直面して居ります、昨年夏支那事変勃発してより以来、我海陸の皇軍将兵は御稜威《みいつ》の下、忠勇無比、到る処凡《あら》ゆる艱苦《かんく》に堪へ、赫々《かっかく》たる武勲を樹《た》て、短日月《たんじつげつ》の間に於て、世界の驚異に値する偉大なる戦果を収め、国威を内外に宣揚しました銃後の国民亦能《またよ》く曠古《こうこ》の聖業達成のために、挙国一致赤誠《せきせい》を傾けて努力を致しつつあります、由来我国民は国難に遭遇する毎に殉国奉公の精神を遺憾なく発揮して、よく時艱《じかん》を克服し、国運の発展に寄与し来《きた》つたことは歴史の明示する所であります

現代では目にすることの少ない言葉が次々に出てくる上に、句点がないのでいささか読みにくい文章ですが、「御稜威」は天子（この場合は天皇）の権威、「曠古」は今までに例のないこと、「赤誠」は嘘偽りのない真心、「時艱」はその時代が直面している難題、といった意味です。要するに日本軍の勇敢さと偉大な戦果をひたすら称揚する内容で、やはり若い学生たちの「殉国奉公の精神」を鼓舞する軍国主義的言説の典型となっています。

この年、時の文部大臣であった荒木貞夫は、一九一九年から採用されていた総長選考の学内選挙制度を官選に戻すことを東大に提案してきましたが、長与総長は大学の自治を楯としてこれを撤回させた上で、十一月に自ら辞任しました。こうした姿勢を見る限り、彼の口から右のような言葉が出てくることには、正直なところ違和感を覚えずには

いられません。矢内原事件に際して彼が日記に書いていた「学問の自由」擁護の言葉が本物だったのだとすればなおのことですが、実際のところはどうだったのでしょうか。

いずれにしても、長与総長が在任中最後の式辞に盛り込んだ数々の美辞麗句から浮かび上がってくるのは、その飾り立てられた派手な文体とは裏腹に、歴史の濁流が抗いがたく個人の意志を押し流していく寒々とした光景です。こうして日本は、坂道を転げ落ちるようにして無謀な戦争に突き進んでいったのでした。

第2章

戦争の荒波に揉まれて（一九三八－一九四五）

平賀粛学から開戦まで

国家が戦争への道を進み始めたとき、大学はどうあるべきか。いやしくも学問の府であるならば、当然、なんとしてもこれを押しとどめることに力を尽くすべきであるというのが、今日の私たちの大半が共有する考えでしょう。ましてや学生たちが戦場に駆り出されるような事態が迫ってくれば、全力で抵抗して彼らを守ることこそが大学としての良識ある行動であって、仮にも彼らの犠牲を強いる流れに加担するようなことがあってはならないというのが、望まれる姿勢であろうと思います。

しかしながら、それはあくまでも現在の視点からの判断であって、戦前の東京大学は残念ながらそうではありませんでした。というより、当時の政治状況と社会情勢からして、そうではありえなかったというのが正確でしょう。

第十三代総長を務めた工学部出身の造船学者、平賀譲《ゆずる》（在任一九三八－四三）は、就任早々の一九三九年（昭和十四年）一月、経済学部の河合栄治郎教授と土方成美《せいび》教授の二名を休職処分にした「平賀粛学」と呼ばれる事件で知られています。

河合は自由主義の立場からファシズム批判の論陣を張った経済史学者・社会思想家で、一九三六年の二・二六事件に際しては『帝国大学新聞』に「二・二六事件に就いて」という文章を発表し、軍部批判の姿勢を鮮明に打ち出していました。そのため、平賀総長就任直前の一九三八年十月には『ファッシズム批判』など四冊の著作が発禁になっています。

一方、土方は国家主義の立場をとる学者で、前章の最後に触れた矢内原忠雄事件のさいには経済学部長として批判の急先鋒に立ち、彼を辞職に追い込むきっかけを作った人物です。

対照的な思想傾向をもつ二人はかねてから対立関係にありましたが、文部省から河合教授の処分を求められていた平賀総長は、経済学部の内紛を解決するために、いわば「喧嘩両成敗」の判断を下し、河合については「学説表現の欠格」、土方については「綱紀の紊乱《びんらん》」および「東大再建の障害」を理由に、経済学部教授会に諮ることもなく、文部大臣に二人の休職を上申したのでした。

一九〇五年の戸水事件（第1章参照）では文部省による外部からの人事介入が問題だ

ったのにたいし、今回は学部人事に総長が介入したわけですから、その意味では東大内部でのもめごとであったことになりますが、鋭く角逐《かくちく》していた河合派も土方派も、これが学部自治の侵害であるという点では一致して総長の裁定に強く反発し、両派あわせて計十三名の教員が抗議の意思を示す辞表を提出しました。その中には、後に第十八代総長となる大河内一男（当時は講師、河合派）も含まれています。[9]

助手を含めても全部で十九名しかいない経済学部の教員のうち、処分された二名を含めて十五名が辞職するかもしれないという前代未聞の異常事態ですから、この事件は東大経済学部の存亡の危機として、マスコミでも大きくとりあげられました。最終的には助教授以下の教員が辞職を撤回し、翌年（一九四〇年）には一応の収拾を見ましたが、これは日本の大学史をひもとけば必ず言及される事件です。

このようにむずかしい時期に総長職に就いた平賀譲ですが、軍部が主導権を握り、好戦機運が高まる一方の現状を反映して、その式辞はこれから戦いに向かう運命にある若者たちを鼓舞する言葉にあふれています。卒業式の式辞からいくつか抜き出してみますと――

我が国は、今や敢然として、我が国家の基礎を一層確立するのみならず、更に世界平和の為に、東亜新秩序の建設に着手したのであります。此の大業こそは、我が国民が万難を克服して成就しなければならぬ所であります。（一九三九年三月三十一日）

今や支那事変は既に二年有半を経過致しましたが、皇軍は陸、海、空に奮戦し、輝かしき戦果を収め、大御稜威《おおみいつ》の下に大陸治安の維持に任じ、また西太平洋の海上権を確保して居ります。その赫々たる武勲は洵《まこと》に感激に堪へないところであります。而《しか》して皇軍将兵の中には本学関係職員あり、卒業生あり、また学生もあるのでありまして、殊に名誉の戦死を遂げられたる方もあるのであります。我々は此等の各位に対し満腔の感謝と敬意とを表すると共に、護国の英霊に対しましては深厚なる敬弔の忱《まこと》を捧ぐる次第であります。（一九四〇年三月三十一日）

併《しか》しながら諸君の多数はまた、遠からず皇軍に召されて、入営出征の光栄を担ふことにもならうと思ひます。その時こそは、諸君の先祖が歌へる如く「今日よりはか

へりみなくておほ君の醜《しこ》の御楯《みたて》と出で立つ吾は」と蹶起《けっき》すべきこと勿論であります。（同右）

最初の引用では、日本の軍事行動があくまで「世界平和」のためのものであるとして正当化されています。ここには「東亜新秩序の建設」という言葉が見られますが、これは式辞が述べられる五か月前の一九三八年十一月三日、近衛文麿首相が出した中国政策の方針に関する声明の中に見られる表現を踏まえたものでした。

二つ目の引用にある「御稜威」や「赫々たる武勲」という言葉は、第1章で見た長与総長の式辞でも使われていたもので、当時はある種の決まり文句であったと思われますが、東京大学の総長の口からこうした言辞が繰り返し発されていたという事実を見るにつけ、時代の空気というものの恐ろしさをあらためて感じずにはいられません。

三つ目の引用では和歌が引かれていますが、これは万葉集に収められている今奉部与《いままつりべのよ》曾布《そふ》の作品で、「今日からはわが身を振り返ることなく、大君をお守りする強い楯となって私は旅立つのだ」といった意味です。当時から千二百年も昔の防人が詠んだ歌ですが、まさに主君のために命を擲《なげう》って戦場に赴く忠臣滅私の精神を表すものとして、昭和十年代には軍国主義を発揚するためにしばしば援用されていました。

大戦勃発と皇国史観

ヨーロッパでは一九三九年九月、ナチス・ドイツによるポーランド侵攻を契機として第二次世界大戦が勃発しました。日本は翌年（一九四〇年）九月、日独伊三国同盟に調印し、枢軸国のひとつとして大戦への関与を深めていきます。同年十月には近衛文麿首相を総裁として「大政翼賛会」が組織され、もはや戦争への傾斜は押しとどめることのできない情勢となりました。

そして一九四一年（昭和十六年）十二月八日、日本は真珠湾攻撃によってついに太平洋戦争の火蓋を切ります。その直後の十二月二十七日、非常事態に鑑みて時期を三か月早めて挙行された卒業式で読まれた平賀総長の式辞は、次のように始まっています。

本日八日畏くも　大詔《たいしょう》10を渙発《かんぱつ》し給ひ、米、英両国に対して戦を宣せられ、今や干《かん》戈《か》相見《あいまみ》え、国家の総力を挙げて征戦に従ひ、一億臣民心を一にして、我々日本人が祖先より承けた大使命の達成に邁進してゐるのであります。戦が長期戦となることは覚悟の上であります。我等は必勝の信念を堅持し、飽までこの乾坤一擲《けんこんいってき》の大戦争に勝ち抜いて、大東亜新秩序を建設し、以て世界の平和に寄与せねばなりません。

「干戈」の「干」は盾《たて》、「戈」は矛《ほこ》の意で、「干戈を交える」で「交戦する」の意。いよいよ米英との戦いが始まったのだから、国民が一丸となってなんとしても勝利をかちとらなければならない、そしてそれは大東亜新秩序の建設によって世界平和を実現するためなのである、というわけで、ほとんど檄文に近い内容です。

年が明けて、一九四二年（昭和十七年）四月一日の入学式でも、新入生に向けて日本軍の武勲と戦果を賛美する言葉が述べられていますが、これと同時に、日本が天皇を頂点とするひとつの家族国家であり、教育の本義は皇室への忠孝心を教え込むことにあるという強固な信念も披瀝《ひれき》されています。

謹んで惟《おもん》みまするに、我が国は、畏くも万世一系の皇室を宗家と仰ぎ奉る、一大家族国家でありまして、君に対する忠はまた父祖に対する孝となり、家庭生活に於ける父祖への孝は祖先の大宗《たいそう》たる皇室に対し奉るの忠に達し、君臣の本義は永遠に明かなると共に、その間親子の如き情誼を湛へ、忠孝一如《いちにょ》の美風を齎《もたら》し来《きた》つたのであります。これ洵《まこと》に万古《ばんこ》不易《ふえき》の我が国体の精華であります。而《しか》して我が国の教育は先づ何よりも、この家族国家の核心をなす忠孝一如の道を如実に体得せしむるを、その第一義とすることといふ迄もありません。

天皇に忠義を尽くすことは、すなわち父祖に孝行することであり、逆もまたしかりであって、主君に仕えることと家長に従うことは同じである（忠孝一如）、そしてこの変わることのないわが国ならではの道義を教え込むことこそが教育の第一の役目である、というわけで、家父長制礼賛の典型のような内容です。平賀譲は大学卒業後、海軍の造船技師として勤務していた経験をもち、その後は「長門」や「陸奥」を始めとして、日本海軍のおもだった戦艦の設計を次々に手がけ、「軍艦の神様」と呼ばれるまでになった筋金入りの軍人でしたから、その思想がこうした純粋な皇国史観に染めあげられたのも、無理はありません。

もちろん彼の式辞にはこれから学問に臨む学生たちに向けての心得を説く言葉も見られますが、そこにも「諸君の今日あるは、諸君がよき素質を享けたる上に、多年蛍雪の功を累《かさ》ねたるが故でありますが、これ畢竟《ひっきょう》聖代の恵沢《けいたく》に外ならぬのであります」という一節があり、学生たちが学問にうちこめるのも、あくまで「聖代の恵沢」、すなわち天皇による治世のおかげなのである、ということが強調されています。

こうしてみると、平賀総長はごちごちの国家主義者のように思われるかもしれませんが、一方では太平洋戦争開戦直前の一九四一年十月、勅令によって学徒動員のための修業年限短縮が定められたさいにはこれに反対の立場を表明するなど、大学に軍国主義が介入することを防ごうとしたことも知られており、戦後リベラリズムに繋がる思想の持主であったという評価もあることは、記しておかなければなりません。戦争に向かって突き進む国策には基本的に従いながらも、大学の自治はあくまで守ろうとした彼のスタンスは、押しとどめることのできない時流によって不本意ながらも強いられた、文字通りの「板挟み」であったように思われます。

戦没学生の声

ところで件《くだん》の入学式に出席していたと思われる学生の中には、その後戦地に赴いて「名誉の戦死」を遂げ、平賀総長が繰り返し言及している「護国の英霊」となった者も少なくありませんでした。東大戦没学生の手記を集めて戦後の一九四七年十二月に出版された『はるかなる山河に』には、一九四二年四月に入学しながらほどなく戦死することになる何人かの手記が収められています。[11]

そのひとりである佐々木八郎は、一九二二年（大正十一年）三月七日生まれ、第一高等学校を経て経済学部に入学しています。彼の手記は「〝愛〟と〝戦〟と〝死〟―宮沢賢治作『烏《からす》の北斗七星』に関連して―」と題されていて、「僕の最も敬愛し、思慕する詩人の一人」の短編について述べたものですが、烏の大尉が敵の山烏との戦いに勝利しながらも、その遺体を手厚く葬りながら、「マヂエルの星」（大熊座、北斗七星）に向かって「どうか憎むことのできない敵を殺さないでいいように早くこの世界がなりますように、そのためならば、わたくしのからだなどは何べん引裂かれてもかまいません」と祈る場面に深い感銘を受けたことが、率直な筆致で書かれています。

> 我々がただ日本人であり、日本人としての主張にのみ徹するならば、我々は敵米英を憎みつくさねばならないだろう。しかし僕の気持はもっとヒューマニスティックなもの、宮沢賢治の烏と同じようなものなのだ。憎まないでいいものを憎みたくな

い、そんな気持なのだ。正直な所、軍の指導者たちの言う事は単なる民衆煽動《せんどう》のための空念仏《からねんぶつ》としか響《ひび》かないのだ。そして正しいものには常に味方をしたい。そして不正なもの、心驕《おご》れるものに対しては、敵味方の差別なく憎みたい。好悪愛憎、すべて僕にとっては純粋に人間的なものであって、国籍の異るというだけで人を愛し、憎む事は出来ない。もちろん国籍の差、民族の差から、理解しあえない所が出て、対立するならまた話は別である。しかし単に国籍が異るというだけで、人間として本当は崇高であり美しいものを尊敬する事を怠り、醜い卑劣なことを見逃す事をしたくないのだ。[12]

もしかすると友愛の情で結ばれるかもしれない相手を、国籍が異なるからというだけでなぜ憎まなければならないのか、憎むことのできない敵をなぜ殺さなければならないのか――こうした思いを抱きながら戦地に赴いた学生たちも、少なくなかったにちがいありません。「私を滅し公に奉じ、大義のためには身命を賭する」ことを説く平賀総長の入学式式辞を、彼らはどのような思いで聞いていたのでしょうか。また逆に、平賀総長はそうした学生たちの思いをどこまで想像できていたのでしょうか。

佐々木八郎がこの手記を記したのは一九四三年（昭和十八年）十一月十日、後で触れる学徒出陣に際してのことでした。軍の指導者たちの言葉を「単なる民衆煽動のための空念仏としか響かない」と喝破していた彼は、やがて同年十二月に出征し、一九四五年（昭和二十年）四月十四日、終戦まであと四か月というところで、特攻隊員として出撃した沖縄海上で戦死しています。

一九四二年（昭和十七年）九月二十五日には半年繰り上げての卒業式が催され、このときは内閣総理大臣の東條英機が軍服姿で出席して演説をおこなっています。また、文部大臣の橋田邦彦も一緒に臨席していましたが、彼はもと東京大学教授で、実験生理学の開拓者として知られる生理学者・医学者です。大学の修業年限を短縮して学徒動員を進めようとする軍部と、これに抵抗する諸大学の間に立って、困難な調整役を務めましたが、彼自身は軍部の意向に反対の立場で、東條英機とはそりが合わなかったとも言われています。しかし戦後はＧＨＱによってＡ級戦犯容疑者とされ、警察が自宅に迎えにきたときに服毒自殺しました。彼もまた、戦死者とは別の意味で戦争の犠牲者だったと言えるでしょう。

卒業式から一週間後の十月一日には、例外的にこの年二度目となる入学式が挙行されています。そこに出席して平賀総長の式辞を聞いていていたと思われるもうひとりの学生が、終戦間近な一九四五年五月六日に記した日記から——

灰燼《かいじん》の中から新たな日本を創り出すのだ。国体を云々する輩のため日本は小さな跼蹐《きょくせき》たる世界に齷齪《あくせく》していた。新緑の萌え出るような希望と明るさ、生命の躍動した日本を。日本の今までの国がわれわれの希望であったことは否定出来ぬ。また万世一系の皇統を云々する心微塵《みじん》もない。だがその皇統、国体のゆえに、神勅あるがゆえに現実を無視し、人間性を蹂躙《じゅうりん》し、社会の趨《おもむ》くべき開展を阻止せんとした軍部、固陋《ころう》なる愛国主義者。彼らが大御稜威《おおみいつ》をさまたげ日本を左右して来たのが最近のありさま。宮様《みやさま》と平民、自分はもうかかる封建的な、人間性を無視したことを抹殺《まっさつ》したい。本当に感謝し、隣人を愛し、肉親とむつび、皆が助け合いたい。[13]

「万世一系の皇統を云々する心微塵もない」とか、「宮様と平民、自分はもうかかる封建的な、人間性を無視したことを抹殺したい」とか、当局に見つかれば逮捕間違いなしの言葉に満ちた、歯に衣着せぬ反天皇制・反軍国主義の内容ですが、人間性と隣人愛への純粋な志向は佐々木八郎と共通しています。

書き手は住吉胡之吉《このきち》、一九二一年（大正十年）二月十五日生まれで、一九四二年十月、平賀総長が主導して戦争に役立つ人材の育成を目的に千葉市の弥生町に新設されたばかりの第二工学部電気工学科に入学した学生です。彼は理系学生だったので、翌年の学徒出陣の対象にはなりませんでしたが、一九四四年末から航空研究所に動員され、この日記を記してまもない一九四五年五月二十四日、自宅に戻っていたところで家族六人とともに戦災死を遂げました。

天皇礼賛と学者の矜持

咽頭結核を患っていた平賀譲は、二期目の任期中であった一九四三年二月、嚥下性肺炎のため六十四歳で死去しました。これは総長が在任中に死亡した唯一の例で、安田講堂で大学葬がおこなわれています。

彼の後を受けて第十四代総長に就任した内田祥三（在任一九四三－四五）は、安田講堂や震災後の新図書館の設計者としてすでに前章でも名前を挙げた建築学者です。彼はこれら以外にも、本郷キャンパスの工学部列品館や法文一号館、駒場キャンパスの教養学部一号館など、登録有形文化財となっている建物を始め、学内の多くの建造物を設計しており、まさにハード面で現在の東京大学の原型を作ったといっても過言ではない人物でした。

太平洋戦争の渦中にあった一九四三年九月二十五日、半年前倒しして催された卒業式での内田総長の式辞には、やはり長与総長から平賀総長へと受け継がれてきた愛国心鼓舞・天皇礼賛の言葉があふれています。

大東亜戦争は　大御稜威の下、忠勇なる皇軍将兵の善謀奮戦により既に東亜を侵食せる米英勢力を駆逐し、絶対不敗の態勢を整へ共栄圏新建設の巨歩を進めてゐるのであります。私どもは今後如何なる困難の事態が生じようとも愈々《いよいよ》必勝の信念を堅くし米英屈服の日まで断じて矛を収めざる決意を以て各自の職域に挺身努力すべきであります。

[……]我国は今や国を挙げて聖戦完遂に邁進《まいしん》して居り、殊に戦争の様相が熾烈深刻を極めて居りまする現段階に於て半年の学業期間の短縮があつたとは云へ、粛々学業にいそしむを得て今茲《ここ》に制規の課程を修了し卒業証書を授けらるるに到りまし

たことはこれ偏《ひと》へに　聖恩の鴻大《こうだい》無辺によるものでありまして只々感泣《かんきゅう》の外なく誓って一身を君国に捧ぐるの覚悟を一層新たにせられたことと確信致します。

ほとんど何も注釈を加える必要のない文言の連続ですが、東京大学の総長が（それも一人だけではなく、複数の総長たちが）驚くほど似たような語彙を用いて似たような内容を口にしているという事実をまのあたりにしてみると、この時期の式辞は彼ら個人が紡ぎ出したというよりも、むしろ時代が彼らを通して語っているという印象を強く抱かざるをえません。

学問の府を体現する立場にある一流の学者たちがここまで積極的に戦争に加担する姿勢を示していたことには、正直なところ戸惑いや落胆を、さらには反感や怒りを覚える人も少なくないでしょうが、当時の社会情勢からすれば、おそらく誰が総長になったとしても同じような式辞が述べられていたのではないでしょうか。ここで語っているのはもはや内田祥三という総長、あるいはひとりの学者ではなく、あくまでも天皇制のもとに国策を推進する役割を担った「東京帝国大学」の代表者なのです。

しかしその一方で、内田総長が同じ卒業式で次のような言葉も語っていたことは記しておかなければなりません。
由来大学に於ける教育の眼目は決して単に講義を聴きそれを覚えれば足るといふのではなく、習つたことを充分咀嚼し消化する傍ら、自らも研究探査工夫を積み、新しきを創造するの素質を作らしむるにあるのでありまして卒業後直ちに役立つことを教へるといふよりは寧ろ将来に延びる力を養ふことに重点を置いてゐるのであります。即ち大学の教育は国家思想の涵養、人格の陶冶と相俟《あいま》つて専門学科に於ける基礎知識とその研究方法とを授け常に独創の精神を育み他日国家社会の指導者となるべき根柢に培ふを以て眼目としてゐるのであります。

こうした一節を読むと、軍国主義一色に染まっていく日本社会の濁流に呑まれながらもなお、学問が本来あるべき姿を語らずにはいられない学者としての矜持の片鱗がうかがえるような気がして、息苦しさの中にもささやかな安堵の念を覚えます。

雨中の学徒出陣

この卒業式の一週間後、一九四三年（昭和十八年）十月一日には、ほぼ現在の数字に近い二、八六一名の新入生を迎えて入学式が挙行されました。内田総長の式辞ではやはり一貫して天皇と国家のために身を捧げる覚悟の必要性が説かれていますが、ここで引いておきたいのは、終わり近くに現れる次のような一節です。

今や大東亜戦争は日一日と熾烈となり、深刻なる様相を呈して居るのであります。此の際政府は現下の戦局に対処し戦力を増強する為め、直接国難に赴かんとするの至情抑へ難き青年学徒の念願に応へ、一部の学徒をして直接戦争遂行に参加せしむると共に、又一部の者は之を学窓に残して所要の学術に精進せしむるの処置を講ずるに至つたのであります。斯くして今こそ諸君は直接軍務につき、思ふ存分尽忠報国の誠を効《いた》すの光栄を荷ひ得ることとなり、又留まつて学修を続くる者は、真にそれが国家の要請に依るものなることを心に徹し、一層勉学修練に努力精進する責務を負荷せられたのであります。此の国家興亡を賭する大戦に於て、諸君は、征くも留まるも其の何れの途をとるに拘らず、肇国《ちょうこく》の精神に徹し、常に必勝の信念を堅持すると共に、愈々《いよいよ》不撓《とうふ》不屈《くつ》飽くまでも強靭なる闘志を蔵し、何処までも戦ひ抜き勝ち抜く決意をもつて、滅私奉公皇国臣民たるの誠をいたされんことを特に希望するものであります。

この入学式が挙行された翌日の十月二日、東條英機内閣は「在学徴集延期臨時特例」を公布し、これまで高等教育機関に在籍する学生たちに認められていた徴兵延期措置を、理系学生（ただし農学系は一部を除く）および教員養成系（師範学校）の理数系学科在籍者を除いて撤廃することとしました。いわゆる学徒出陣の始まりです。内田総長はけっしてこの流れに積極的に加担したわけではなかったようですが、悪化する一方の戦局を前に、もはや学生だけを特権的な立場に置いておくことは許されないという、一部の世論と軍部の圧力に逆らうことはできませんでした。

こうしていわゆる「文科系」の大学生が徴兵の対象となり、検査に合格するとすぐに入営することとなりました。一方、理科系の学生は兵器の開発や製造に携わるため、また教員養成系の学生は将来の理科系学生を育成するために必要であるという理由から、この時点では入営をまぬがれます。右の式辞に「一部の学徒をして直接戦争遂行に参加せしむると共に、又一部の者は之を学窓に残して所要の学術に精進せしむるの処置を講ずるに至つた」とあるのは、こうした事情を指しています。先に手記を引用した佐々木八郎（経済学部生）と住吉胡之吉（第二工学部生）の運命もここで分かれたわけですが、国家の目的のために学生を文系・理系で区別するという発想が当然のようにまかり通っていたという事実には、今さらながら率直な驚きを覚えずにはいられません。[14]

この入学式からわずか三週間後の一九四三年十月二十一日には、東條英機首相や岡部長景文部大臣出席のもと、七万人を集めた大規模な出陣学徒壮行会が、降りしきる雨の中、東京の明治神宮外苑競技場で開催されました。その模様はフィルムに残っていて、今日でも容易に視聴できますが、陸軍分列行進曲の演奏に合わせて整然と入場する若い学徒たちの凜々しい姿、そして満員の観覧席からこれを見守り拍手を送る女子学生たちの初々しい表情を見ると、複雑な思いにとらわれて言葉が出てきません。

この壮行会に参加していたと思われる東京大学法学部生の菊山裕生は、壮行会に先立つこと十日、十月十一日付の手記で次のように書き記しています。

一体私は陛下のために銃をとるのであろうか、あるいは祖国のために（観念上の）、またあるいは私にとって疑いきれぬ肉親の愛のために、さらに常に私の故郷であった日本の自然のために、あるいはこれら全部または一部のためにであろうか。しかし今の私にはこれらのために自己の死を賭するという事が解決されないでいるのである。[……]先日亡くなった老作家のように、「自分のようなものでもどうかして生きたい」という感じを持っている現在の私にどうして銃を持って戦線に赴く事が出来るのだろうか。灯を消して部屋の窓からますます冴え切った十三夜の月をながめ、凍りついた雪のような白い夜の雲を見ていると、私の飛行機へ乗ろうとしていた覚悟が実際夢のように思われるのである。[15]

ここで「先日亡くなった老作家」とあるのは、同年八月二十二日に七十一歳で死去した島崎藤村のことで、「自分のようなものでもどうかして生きたい」というのは、彼の自伝的長編小説『春』の最後近くで主人公の岸本捨吉が漏らす有名な言葉です。この切実な感懐に自らの思いを重ね合わせ、自分はいったい何のために銃を手にするのかと自問しながら「これらのために自己の死を賭するという事が解決されないでいる」とつぶやかずにはいられない青年の魂に触れるとき、学徒出陣を「直接国難に赴かんとするの至情抑へ難き青年学徒の念願に応へ」てのこととして語る内田総長の言葉との対比が、いやが上にも際立ってきます。

部屋の窓から冴えわたった月と雪のように白い雲を見つめながら「どうかして生きたい」と手記に書き残した菊山裕生は、それから一年半後の一九四五年四月二十九日、奇しくも昭和天皇四十四歳の誕生日に、フィリピンの空港で、当時の天皇の半分の年齢にすぎないわずか二十三年の生涯を閉じました。

敗戦から新しい国へ

その後のわが国がどういう運命をたどったかは、万巻の歴史書が語っている通りです。一九四五年三月十日には東京が大空襲に見舞われ、同じく二十六日には米軍が沖縄に上陸し、日本が敗戦に向かっていることは今や明らかになりつつありました。そんな状況下で同年四月一日に行われた入学式の内田総長式辞の要旨には、なお「誓つて皇国護持」という副題が付されていますが、そこには日本軍が絶大な戦果を収めつつあるという強気の言葉が依然として読まれる反面、さすがに戦況が決定的に悪化していること、そして今や日本の敗色が濃厚になっていることを認めざるをえないというニュアンスも随所にうかがえます。

それから四か月後の八月には、周知の通り二度にわたる原爆の投下によって日本は壊滅的な被害を受け、ついに無条件降伏することとなりました。八月十五日のいわゆる「玉音放送」を安田講堂で聞いた内田総長は、感涙にむせびながら天皇への変わらぬ忠誠を誓う言葉を口にしたと伝えられています。

内田祥三は敗戦をはさんでこの年の十二月まで総長を務めましたので、最後の式辞は一九四五年九月二十五日の卒業式で述べられたものです。卒業証書を授与されたのは全学部あわせて一、三八六名、附属医学専門部の五五名を加えても一、四四一名でした。当時の毎年の入学者数は二、八〇〇余名を数えていましたから、単純計算すれば約半数の学生たちは卒業を迎えることができなかったわけで、いかに多くの前途有為な若者たちの命が失われたかがあらためて実感されます。

この式辞には相変わらず「大御心の有難さは、恐惶恐懼《きょうこうきょうく》、唯々感涙の流るゝを禁じ得ないのであります」といった大仰な天皇礼賛の言葉が見られますが、その一方、やはり戦争が終結した以上、若い学生たちに戦後社会の復興を託そうというメッセージも前面に出てくるようになりました。

万民挙《こぞ》つて承詔必謹《しょうしょうひっきん》、新しき栄えある日本の建設に渾身の努力を尽すべき秋《とき》であります。干戈《かんか》を捨てた新しき日本の行くべき道は自ら明かでありまして、道義を篤くし、教養を昂め、科学を振興し以て世界文化の進運に寄与する以外に途はないのであります。この新しき重責を荷ひ黎明新国家の木鐸《ぼくたく》となつて、その第一線に立つべき者は、実に新進気鋭の卒業生諸君であるのでありまして、諸君今後の責務は極めて重且大《じゅうかつだい》なるものがあります。

冒頭の「承詔必謹」とは「天皇の命令が下されたらこれを受けて必ず謹んで実行せよ」という意味ですから、内田総長が相変わらず天皇崇拝の感情を抱き続けていたことは確かだと思われますが、それでもここには戦意高揚の言辞に満ちていたこれまでの式辞とは明らかに異なる色調が読み取れます。敗戦という未曽有の経験を経て、「世界文化の進運に寄与する」という大学本来の使命を、はじめて躊躇なく訴えることができるようになったということでしょうか。じっさいこの式辞には「黎明新国家の木鐸に」という副題がつけられていました（「木鐸」とはもともと古代の中国で、法令を人民に知らせるさいに鳴らされた木製の大きな鈴のことですが、転じて人々を導く者、社会の指導者を意味します）。

このように、内田祥三は太平洋戦争の末期から敗戦までの困難な時期に総長を務めたため、式辞には時代の空気がとりわけ色濃く反映しています。そこには確かに学生たちを戦地へと駆り立てるような言葉がちりばめられていますが、その一方で彼は、戦時中に軍部が東京大学を帝都防衛の司令部として使用したいと申し出てきたときにはこれを毅然としてはねつけ、終戦直後にGHQが東京大学を接収することを要求してきた際にも、各方面に働きかけてこれをまぬがれるといった具合に、一貫して東京大学の自立を守った総長でもありました[16]。このことはいくら強調してもし過ぎることはありません。

ちなみにGHQによる接収を回避するにあたって内田総長を補佐した当時の法学部長が、次の総長となる南原繁です。

第3章　国家主義から民主主義へ（一九四五－一九五一）

戦没学生慰霊祭

戦後最初の総長である第十五代の南原繁（在任一九四五-五一）は、おそらく歴代総長の中でも最も知名度の高い一人でしょう。内務省勤務を経て、一九二一年に東京大学の政治学史担当助教授に就任した彼は、四年後に教授となり、一九四五年三月に法学部長に就任、内田祥三総長の補佐役として活躍する中で敗戦を迎えました。同年十二月に内田の後を継いで総長となり、戦後の新しい東京大学を牽引することになります。

南原総長就任直後の一九四六年一月一日には、いわゆる「天皇の人間宣言」が発布されました。この詔書の最後には、天皇と国民の絆はあくまで「相互ノ信頼ト敬愛」によって結ばれるものであり、「単ナル神話ト伝説」より生じるものではない、また天皇を「現御神《あきつみかみ》」とし、日本国民を「他ノ民族ニ優越セル民族」とする「架空ナル観念」に基づくものでもない、という一節があり、これが天皇の神格否定とされて「人間宣言」と通称されるようになったわけです。

南原繁はこの人間宣言を、これまで現人神《あらひとがみ》としての天皇を君主として頂く「神の国」とされてきた日本を偏狭な独善性から解放し、国民と文化を新たな「世界性」に向けて開くものとして高く評価する一方、東大でおこなわれた戦後初の天長節式典（一九四六年四月二十九日）では、今回の大戦において天皇に政治的・法律的責任がないことは明白であるけれども、道徳的・精神的責任は強く感じておられるはずなのだから、いずれ自らの大義を明らかにされるべきである、すなわち昭和天皇は時機を見て退位すべきである、という趣旨の発言もしていました。[17] そのせいかどうか、昭和天皇は南原にたいして根強い不快感・不信感を抱いていたと伝えられていますが、[18] いずれにしても両者の関係は微妙であったように思われます。

『式辞告辞集』には、一九四六年（昭和二十一年）五月一日の入学式式辞から一九五一年（昭和二十六年）四月十二日の入学式式辞まで、全十四編の文章が収められていますが、そのいずれもが質の高い名文であるだけでなく、量的にも全部で一〇〇ページに及ぶ充実ぶりで、ひときわ大きな存在感を放っています。[19]

しかしそれらの式辞を読む前に、まず一九四六年（昭和二十一年）三月三十日、安田講堂で開催された「東大戦没並に殉難者慰霊祭」において彼が読み上げた「戦没学生にささぐ」という文章を見ておきましょう。この格調高い告文には、わが国がやみくもに戦争へと突き進み、多くの若い命を犠牲にしてしまったことへの痛恨の思いが滲んでいます。

今次大戦において出陣したるのみに永久に還らぬわが若き同友学徒並びに職員諸君のために、茲《ここ》に悲しき記念の式を挙行せんとして、感懐尽《つ》くるところを知らない。顧《かえりみ》れば此の幾歳、われわれ国民は何処をどう辿り来ったか。混沌錯乱あたかも模糊たる夢の中を彷徨しつつあった如くである。然し、それにしては余りに厳しき歴史の現実であり、次々に大なる事件の発生、それに依る不安と焦慮、緊張と興奮、絶望と悲哀の交織《こうしょく》であった。唯一事、それを貫いて、今や白日の下に曝されたことは、軍閥・超国家主義者等少数者の無知と無謀と野望さへに依って企てられた只戦争一途と、そして没落の断崖目がけて、国を挙げての突入であった。[20]

この戦争が「軍閥・超国家主義者等少数者の無知と無謀と野望」によって推進されたものであったことを明確に断言するこの一節を読むとき、ようやく「模糊たる夢」から醒めた理性の言葉が東京大学総長の口から発される日が来たのかという思いを禁じえません。狂躁の日々にあっても自らの理性と良心に従って冷静に学問に従事していた学生たちは、前章で見たように徴兵延期の特権を停止されてひとたび戦場に駆り出されると、複雑な思いを心中に抱えながらも「没落の断崖」めがけて突入していく国家の意志と命令に従うほかなく、軍人としての任務を忠実に遂行したのでした。そのことを述べた上で、南原総長は一九四五年八月十五日という「呪はしき運命の日」を目にすることのなかった戦没学生たちに向けて、次のような言葉を贈ります。

然し、諸君に告げ度いことは、われらの行手に民族の新な曙光、大いなる黎明は既に明け初めつつあることである。今やわが国は有史以来の偉大なる政治的社会的精神的変革を遂げつつある。われらはそれを通して平和と道義の真正日本の建設と新日本文化の創造を為さなければならない。これこそは就中《なかんずく》われわれ学徒が精魂を傾けて成し遂げねばならぬ偉業であり、心血を注いでのわれらの新な戦――「理性」を薔薇の花として、それと厳しき「現実」との融和を図る平和の戦である。[21]

敗戦によって国民が背負った「現実の十字架」の重みに耐え、理性の力をもって新たな日本を築かなければならないというこの決意は、その後数年間にわたって儀式のたびに読み上げられたすべての式辞を貫く基調となっています。その意味で、この慰霊祭で語られた言葉は戦没学生たちに捧げられた真情あふれる追悼の辞であると同時に、生き残った者たちに向けられた期待と鼓舞の呼びかけでもあり、総長としての南原繁の出発点であったと言ってもいいでしょう。彼が無教会主義のキリスト教信者であったことも、こうした姿勢の根底にあると思われます。

最初の女子入学生

一九四六年五月一日、戦後初の入学者たちを前にして南原総長が述べた式辞は「真理と個性」と題されています。その冒頭部分を見てみましょう。

国をあげての戦争は、その国の運命にとつてと同じく、個人の生涯に対しても、大なる影響を与へずには措かぬ。殊にそれが惨憺たる敗北と降伏に終つた我が国今次の大戦に於ては、決定的と謂はなければならぬ。しかし、戦に敗れたそのことは必ずしも不幸であるのではない。国の将来は国民がこの運命的事件をいかに転回し、いかなる理想に向つて突き進むかに在ると同じく、個人の未来もこれを転機として、いかなる新生を欲して起ち上るかに懸つてゐると思ふ。

敗戦の経験は国家のみならず個々人の運命も大きく変えてしまったけれども、これをただ不幸とのみとらえるのではなく、新たな生への契機として活かさなければならない、というメッセージは、先の慰霊祭で読み上げられた告文の精神を受け継ぐものです。ところでこの「新生」はもちろん、大学そのものの生まれ変わりを意味するものでもありました。そのことを象徴するのが、最初の女子学生の入学です。

東京大学で女性の入学問題が話題になったのは意外に古く、帝国大学令が公布されて正式な「総長」が誕生する前年、一八八五年（明治十八年）のことでした[22]。初めて予備門入学の願書を出したのは、医師の娘であった木村秀子・久重子《ひさえこ》姉妹。けれどもこのときは学長に相当する「総理」であった加藤弘之から、「本学に於て目下女生徒入学之儀は論議に及び難く候」と断られたそうです。今から見ればあからさまな女性差別ですが、当時はこれがあたりまえの対応だったのでしょう。

木村姉妹はその後も要望を出し続け、一八八六年一月には森有礼文部大臣に直訴に及んだりもしましたが認められず、そうこうするうちに妹の久重子が肺炎で死亡、秀子だけが一八八七年に医科大学選科生としてなんとか入学を許可されたものの、実際に入学したかどうかは不明のまま、同年十月に若くして病死してしまったということです。なんとも悲運の姉妹としか言いようがありません。

その後も女子学生の入学は何度か評議会の議題にのぼっていたようですが、最初に門戸を開いたのは東京大学ではありませんでした。一九一一年(明治四十四年)に東北帝国大学初代総長に就任した澤柳政太郎《まさたろう》[23]が、一九一三年(大正二年)に理科大学の正規学生として三名の女性を受け入れたのが嚆矢《こうし》とされます。けっして積極的な選択だったわけではないようですが、当時としてはずいぶん先駆的な決断でした。

その後、九州帝大は一九二五年(大正十四年)、北海道帝大と大阪帝大は一九三五年(昭和十年)から女子学生を受け入れていますが、東京大学は女性を受け入れることなく、そのまま敗戦を迎えることになります。

戦後まもなく婦人参政権が認められ、一九四六年四月十日におこなわれた戦後初の衆議院選挙では三九名の女性議員が誕生しました。この流れと呼応して、この年には五つの帝国大学（北海道と名古屋を除く）が全部で五一名の女子学生を受け入れましたが、そのうち最多の一九名が東京大学です。志願者数は一〇八名だったといいますから、女子に限っていえば合格率は一七・六％、男子の九・七％の二倍近い数字だった計算になります。

先の南原総長の入学式式辞では、この件について次のように述べられています。

また今回特に女子の入学生を迎へたことは喜びに堪へない。これは本年わが国に初めて実現せられた婦人参政権と共に、画期的事件といはなければならぬ。約二十名の少数とは雖《いえど》も、諸子がよく日本女性の美徳を失はず、しかも男子学生に立ちまじつて、いかに大学教育を修得するかは、日本女子教育の将来を卜《ぼく》するものとして、世の注視するところであらう。

「日本女性の美徳を失はず」といった言い方は、現代では問題発言になるかもしれませんが、それはそれとして、このできごとが東京大学としても記念すべき一歩であったことがうかがえます。

一九五一年には、当時の教養学部長であった矢内原忠雄宛に女性専用の学生寮建設を要望する手紙が届き、南原総長もこれに理解を示して、矢内原総長時代の一九五三年九月に白金寮が開設されました。東京大学の女子学生比率はその後、一九九〇年代まではゆるやかに上昇していきますが、二十一世紀に入ってからはほぼ横這い状態になり、なかなか二〇%の壁を越えられないことがしばしば話題になっています。そもそも「女子学生比率」などという表現が用いられているあいだはジェンダーバランスが正常化されていない証拠ですから、この不均衡が是正されるまでにはまだまだ時間がかかることでしょう。ここで立ち入るべき問題ではありませんが、南原総長がもし存命であればこの現状をどう思ったでしょうか。

戦後民主主義の出発

一九四六年(昭和二十一年)十一月三日、大日本帝国憲法に代わって日本国憲法が公布され、翌年五月三日に施行されました。いわゆる戦後民主主義の実質的な出発です。一九四七年九月三十日の卒業式式辞には、こうした価値観の根本的な転換を高らかに宣言する文言が見られます。重要な文章なので、少し長めに引用してみましょう。

まことに諸君が入りゆく国家の政治生活は、もはや昔日のそれではない。神聖化された国家主義と軍国主義は永久に滅び、いま新しく平和と民主主義の国家は建設されんとしてゐるのである。それはわが国に於て永く抑圧せられた「人間の回復」であり、「人権の宣言」である。民主主義に不朽の意義ありとすれば、それは明らかに国家権力の優位などでなくして、何よりも主体的なる人間人格の諸々の自由と権利思想に在るのである。

然るに、近代国家主義は、殊にわが国に在つては、余りにも人間の社会を非人間化し、奴隷化し、時に野獣化し来つたのである。それを極度に曝露したものが戦争であつた。本来、人間のために、人間自らが作った権力が、人間以上のものとなり、それ自身を客観化し、独自の存在と威力とを以て、人間の上に君臨するに至つたのである。今次の暴挙たる大戦の悲劇はかくして演ぜられたのであつた。

いまわれわれは人間理想を深く自覚することに依り、正義に基づく恒久平和を念願し、戦争を絶対否定し、一切の武力をすら棄て去つたのである。ここに近代国家主義の表徴たる軍と戦争は、少くともわが国に関する限り、地を払つたのである。

それればかりではない。軍国主義と共に、神権的君主政治と専制的官僚主義は倒れたのである。国家の主権はわれわれ国民の手に在り、政府はもはや天皇の官府であるのでなく、国民の厳粛なる信託によつて国民のために存するのである。

国家主義と軍国主義の終焉を宣言し、恒久平和と戦争放棄の理念を確認するこの力強い式辞を読むと、戦時中の東大総長たちが（おのれの意志に反してではあれ）軍部の意に沿った天皇礼賛と戦意高揚の言葉を繰り返し述べていたこととの対比が、いやがうえにも際立ってきます。

前任者の内田祥三総長が卒業式の式辞で「大御心の有難さは、恐惶恐懼《きょうこうきょうく》、唯々感涙の流るゝを禁じ得ないのであります」と述べていたのは、ほんの二年前、一九四五年九月二十五日のことでした。しかし今、南原繁総長の口からは「軍国主義と共に、神権的君主政治と専制的官僚主義は倒れたのである」という言葉が発され、政府はもはや「天皇の官府」ではなく、国民の厳粛な信託による機関となったのであるということが語られています。こうして両総長の式辞を読み比べてみれば、敗戦後の価値転換がいかに劇的なものであったかがうかがえます。

なお、この式辞が述べられた一九四七年九月三十日、「東京帝国大学」はふたたび創立期の「東京大学」という名称に変更されました。およそ六十年ぶりに「帝国」という言葉が消えたわけですが、これも戦後における大学の位置づけや役割の変化を象徴するできごとのひとつでしょう。

大学と学問

南原総長の式辞にはひとつひとつに題名が付されていて、紹介したい文章には事欠かないのですが、その一例として、「大学と学問」と題された一九四八年（昭和二十三年）四月十二日の入学式式辞を見てみましょう（ちなみに四月十二日は東京大学の創立記念日で、この年以降、原則的に入学式はこの日に挙行されることになりました）。

ここでは大学での学問のあるべき姿として、三つの態度が示されています。

第一は「真理のための真理の探求」です。

凡《およ》そ学問の目的と研究態度は、第一に何よりも真理のための真理の探求であり、それはわれわれの理性的精神の作業そのものに対する悦びと情熱から生れ出でなければならぬ。真理の世界は宇宙の大よりも涯しなく無限であり、しかもそれ自ら秩序と法則を具へ、全体として調和と統一を持つ世界であつて、われわれの個々の行動も自然の一物の現象も、これに基づかずしては生起するものではない。

この世界にわれわれがわれわれの理性を携へゆきて、その秩序と法則を発見し、自然と人間との隠れた秘密を開かんと努力するところに、学問の意味と目的があるのである。

南原はさらに、単に職を得るための手段や処世術として学問する者たちは、大学を出るとすぐにこれを放棄してしまうが、「学問はひとり大学の中に於てのみあるのではない。それは大学の外にも在り、また大学生活の後に於ても持続されねばならぬところのものである」と続け、「たとひ研究を持続し、或る程度学問を身につけた者でも、否、一かどの学者になつた者でさへ、学問的真理の意義を会得しない者は、直ちに名誉や利益と苟合《こうごう》して、憶面もなく時の権力者の道具となり果てるのである。われらは戦時中、かかる事例を多く見た」と戒めています（「苟合」は他人におもねって迎合すること）。

第二は「普遍的教養の基礎の上に、それ自身ひとつの中心を持たねばならぬ」ということです。近代科学は高度に専門分化しており、それぞれの内には無限の問題と秘密が隠されているので、学問はあれこれの断片的な知識をただ集めるのではなく、ひとつのことに深く徹するのでなければならない。ただし重要なのは、「それらは全体につながる有機的部分であつて、大学に於ける学問研究の方法は、一切の学問の全体的聯関《れんかん》についての正しい認識から生れるといふことである」。というわけで、南原総長はここで特殊的専門と普遍的教養の関係について重要なメッセージを発しています。

諸君は常に自己の専門とするところが全体の中で占める位置を知り、常に全体との調和ある構造に結びつけることを心懸けねばならぬ。これは一般的にいつて、高い教養の問題である。特殊の研究にのみ従事して、普遍的教養といふ大切な仕事を怠るがために、却《かえ》つて自己の専門の学に対する興味と自信を失ひ、学徒本来の使命をも没却するに至るのである。

これは次項で述べる新制東京大学の「教養教育」理念を先取りするものとして、記憶にとどめておくべき言葉でしょう。

第三は「学習せよ、そして創造せよ」ということです。どんな学問にも先人が発見し思索してきたさまざまな原理や知識の蓄積があるのだから、まずはどんな労苦も惜しまずにこれを学習しなければならない。ただし教えられたことをただ記憶したり反復したりするだけではなく、自らの精神をもってこれを理解し、摂取同化し、新たに自己を形成することが必須である――

学習の目的は「創造」することであり、この創造の能力を持つことによつて、本来人間は自由であるのである。この点に於て、諸君は芸術家が素材から新たな形象を創り出すが如く、深い直観と偉大な想像力《ヴイジヨン》を持たねばならぬ。古来ヴイジヨンなくして偉大な思想も発明もなされなかつたのである。（ルビは原文）

というわけで、この式辞では南原総長の基本的な学問観が端的に開示されているのですが、以上の三点を述べた上で、彼は「かの真理への情熱と勇気、これが創造のための努力精進は、いづれも人間人格の内面的深所から生れ出でるものである」と付け加えています。つまり科学的探求と人間性は不可分であり、両者を切り離して学問の成就はありえないというのが、南原総長の基本的な考え方でした。彼がこの式辞で新入生たちに「学問と知性に於てのみでなく、徳性や情操に於ても、己れを高めることは、諸君の他の重要な使命でなければならぬ」と説き、「須《すべか》らく自由にして高貴な人間となれ」という言葉を贈っているのも、こうした姿勢の表れにほかなりません。

教養の理念と知の総合化

さて、東京大学は一九四九年（昭和二十四年）五月三十一日に公布・施行された国立学校設置法により、旧制大学から新制大学へと移行しました。これに伴って、旧制第一高等学校と旧制東京高等学校を母体として新たに教養学部が設置され、初代の学部長には、やがて南原の後に総長となる矢内原忠雄が就任します。東京大学の重要な教育理念として「教養」というキーワードが明確に浮上してくるのはこの頃からですが、夙《つと》に「普遍的教養」の重要性を強調していた南原総長の式辞には、こうした経緯がいち早く反映されています。

旧制の最後となる一九四九年四月十二日の入学式では、これまでわが国の大学に欠けていたのは「教養」の問題であり、やがて新制大学ではこれを大いに取り入れるつもりであることが予告されていましたが、その三か月後に挙行された新制最初の入学式（一九四九年七月七日）の式辞では、この姿勢がより厳密な言葉で述べられています。

抑々《そもそも》近世大学の発達の歴史に於て、「一般教養」（general education）の問題は、大学教育が次第に専門的知識の研究と教授に流れ、殊に産業革命の後を承けて職業的技術教育に堕した十九世紀後半、当の英国、ひいて米国に於て「自由教育」（liberal education）の名に依つて、採り上げられるに至つたところのものである。それは教養ある一個の紳士、或は有能な社会的人間の育成を目的とするものである。かくの如きは、日本に於ても、或る程度、旧制の高等学校教育の目的とされ来つたところであるが、かやうな意味の教養は、何か人間の生を裕《ゆた》かならしめる心の装飾――人間として身につけねばならぬあれこれの知識といつた風に解せられ勝ちであつた。

併《しか》し、われわれがいま日本の大学自体の中に取り入れ、これを大学の機能となすからには、単に英米の模倣でなくして、新たな意義と目的を発見しなければならぬ。

「教養ある一個の紳士、或は有能な社会的人間の育成」[24]を目的とした英米の「自由教育」の理念を踏まえながらも、単にさまざまな知識を身につけることにとどまるのではなく、日本の高等教育にふさわしいものとして「教養」を再定義し、新制大学の重要な要素の一部として取り入れなければならないという決意が、この文面にはみなぎっています。

そしてその「新たな意義と目的」を発見するためには、「大学」university という言葉が本来持っていた「知識の有機的統一体たる使命」、すなわち全体性・総合性を回復することが必須であると、南原総長は続けます。

然らば、近代科学と人間性をその分裂から救ひ、大学をその本来の精神に復すにはいかにすべきであるか。それには先づ、個々の科学や技術が人間社会に適用される前に、相互に関聯せしめて、その意義をもつと綜合的な立場に立つて理解することである。これがために必要なことは、われわれの時代が到達した謂はば生ける知識の体系について知り、それによつてわれわれの世代が共有する文化と文明の全体の構造と意味――世界と人間と社会についての理念を把握することである。

この主張はさらに、「重要なことは、自然・人文・社会を含めて、互に補ひ協力し、人間と世界についての諸々の価値や全体の理念を把握することである」、「既に知られてゐる知識を各分野、更には全体にわたつて綜合し組織化し、以て時代の到達した知識の水準と文化の特質を理解せしめることである」と展開されていくのですが、これらの言葉を読むとき、どうしても思い出さずにいられないのは、南原繁の弟子であった政治学者の丸山眞男が、近代日本の学問のありかたを「タコツボ」に喩《たと》えた有名な話です。彼は、十九世紀の後半になって西欧では学問の専門分化が進み、分野ごとの独立性が増していったことを確認した上で、明治以降の日本がそうした西洋文化をそのまま移入したために、「学問研究者が相互に共通のカルチュアやインテリジェンスでもって結ばれていない。おのおのの科学をほり下げて行くと共通の根にぶつからないで、各学科がみんなタコツボになっている」ことを指摘しました。[25]

丸山眞男は、それまでにも南原繁にたいして批判的な文章をいくつか書いており、両者の関係は、いわゆる「師弟」という言葉では単純に語ることのできない微妙な緊張をはらんでいましたが、それでも彼が日本の大学について「ユニヴァーシティという本来の意味からは甚だ遠いのが実状」[26]と語っているのを見ると、こうした議論の根底に、南原の思想の影響が色濃く見られることは否定できないように思われます。

しばしば言われることですが、二十一世紀を迎えてすでに四半世紀近くが経過したいま、気候変動の問題、原子力発電の問題、そして近年世界を席巻した新型コロナウィルスの問題など、人類は特定の専門分野だけではおよそ対応することのできない複合的な危機に直面しています。こうした状況を前にして、今ほど異なる学問同士の連携が求められている時代はありません。その意味で、「知の総合化」の重要性を説く南原総長の式辞は、まさに来《きた》るべき社会的課題を先取りするものであり、あらためて読み直される価値があるように思われます。昨今話題になることの多い「リベラルアーツ」の概念も、当然この流れと直結するものとしてとらえることができるでしょう。

全面講和論と「曲学阿世の徒」

ところで、新制大学が発足した一九四九年の世界史的な大事件といえば、十月一日の中華人民共和国成立でしょう。一九五〇年（昭和二十五年）三月二十八日の卒業式でも、南原総長は「過去数年、米国を初め列国の関心と努力が、ドイツを中心とするヨーロッパ問題に集中されつつあつた間に、アジアにおいて昨年、中国共産党が勝利を収め、新しく共産主義政権が樹立されたことは、極めて重要な意義をもつものといはなければならぬ」と述べ、これを「第二次大戦後最大の世界歴史的出来事」として位置づけていま す。そしてすでに三十年近く前に成立していたソビエト連邦共和国と新たな中華人民共和国が二月に中ソ同盟条約を締結したことを踏まえ、「米英を中心とする民主自由国家との間の「冷たい戦争」は、今や東西アジアに燎原《りょうげん》の火のごとく拡がりつつあり、それがわが国にとつて対岸の火災視し能はぬものがある」と述べています。

このように、戦後の世界情勢の行く末を冷静に分析する南原総長は、この式辞の中で政治学者としての顔をひときわ前面に押し出している印象があるのですが、その端的な表れは次の一節に見ることができます。

かく観来るとき、わが国の周囲には、戦争でなく、複雑な情勢の底にも、一脈平和の気運が醸し出されつつあるのではなからうか。そこに果して対日講和の契機が摑み得ないものであらうか。しかも、それは謂はゆる「単独講和」でなく、何人《なんびと》も欲する「全面講和」への契機である。

ここで「単独講和」とは、日本の交戦相手であった連合国のうち、アメリカを始めとする自由主義陣営のみとの講和条約締結を主張する立場、「全面講和」とは、ソビエト連邦や中国など共産主義陣営も含めた全連合国との講和条約締結を唱える立場ですが、この議論には前日談と後日談があります。

南原繁は総長就任後まもない一九四六年三月から一年あまりのあいだ、貴族院の勅選議員を務めていますが、そのときからすでに議会の場で全面講和を主張し、単独講和を進めようとしていた当時の総理大臣、吉田茂と論争になりました。これがいわば事の始まりですが、その後も南原は持論を曲げず、一九四九年十二月にアメリカを訪れてワシントンで講演をおこなったさいにも同様の主張を述べました。右に見た式辞の言葉も、その延長線上にあるものです。

こうした南原の言動を快く思っていなかった吉田茂は、一九五〇年五月（右の式辞が述べられた卒業式の少し後）、永世中立とか全面講和などというのはまったく現実性のない学者の空論である、しかるに南原繁東大総長は政治家の領域に立ち入ってあれこれ口を出しており、曲学阿世の徒にほかならない、と名指しで批判したのです。これはあくまで自由党の両院議員総会での発言でしたが、その後「曲学阿世の徒」という言葉が大きくクローズアップされて、広く人々の知るところとなりました。

これにたいして南原繁は、戦前の言論弾圧の例を引きながら、これは政治権力による学問の弾圧にほかならない、現実を理想に近づけることこそ政治家の任務であって、こうして批判を封殺しようとすることは民主政治の危機である、と強く反発し、両者の論争は広く世間を騒がせました。しかし『史記』に由来する「曲学阿世」という熟語は本来、「真理を捻じ曲げて世間におもねる」という意味ですから、信念を曲げることなく自説を貫いた南原総長にたいして用いるのは明らかに筋違いであったというべきでしょう。

じっさい、彼は先の式辞の中で、米ソの冷戦構造がアジアにも拡大しつつある現状を踏まえつつ、次のように一貫した主張を展開しています。

実に二十世紀後半の歴史的課題は、共産主義と自由民主主義との二つの世界をめぐって、戦争か平和かの二者択一に凝集されてゐると称していいであらう。仮りに、幸ひにして二つの主義、二つの世界の共存が成り立ち、講和条約が西にも東にも結ばれたとして、二つの世界が当面の危険の除去と単なる安全感のためでなく、進んで相互の間の関係が信頼と尊敬に置き換へられ、少くともその意味において世界が一つとなるのでなければ、人類の恒久平和は来らぬであらう。

けれども彼のこうした高邁な理想にもかかわらず、この式辞から一年半後の一九五一年九月四日から八日まで開催されたサンフランシスコ講和会議では、ソビエト連邦・ポーランド・チェコスロバキアの共産圏三国は出席したものの、けっきょく条約には署名せず、誕生したばかりの中華人民共和国と台湾に逃れた中華民国はともに招かれなかったので、結果的に「全面講和」は実現しませんでした。

以上のように、南原総長の式辞には教育者としての高度な倫理観と政治学者としての具体的な情況分析が濃密に凝縮されていて、何度読み返してみても学ぶべきことが尽きません。しかしそろそろ先に進まなければなりませんので、一九五一年四月十二日の入学式式辞から、最後の一節を引いて本章の締めくくりとしたいと思います。

新入学生諸君！　将来、新しい民主日本を背負つて立つ人間の形成と、真理の大胆な追求をもつて、まさに時代の問題との対決を、己が任務として引き受けてゐる新しい大学の使命は、極めて重い。大学がよくこの使命を果すとき、それは祖国日本の再生であるばかりでなく、狂瀾怒濤の世界への寄与であるであらう。

さらば、諸君、現在われわれを取り囲む物質的・精神的の多くの困難と障害に耐へて、諸君が新しい大学生活の逞しい一歩を踏み出されんことを望む。

第4章　平和と自由のために尽くす人となれ（一九五一―一九五七）

自主独立への道

南原繁の後を受けて第十六代総長となった矢内原忠雄（在任一九五一－五七）については、彼が経済学部教授であった戦前の一九三七年（昭和十二年）十二月、論文や講演での軍国主義批判が非難の対象となって辞職に追い込まれるという事件があったことを第1章で述べました。

東大を去った後、南原と同じく無教会主義のキリスト教信者であった矢内原は、数年のあいだ自宅で聖書の講義をしたり個人雑誌を発行したりして過ごしていましたが、ようやく戦争が終結すると、一九四五年十一月、八年ぶりに東京大学経済学部教授に復職します。その後は社会科学研究所長、経済学部長を経て、一九四九年に教養学部の初代学部長に就任、二年後の一九五一年十二月に総長に選出されました。

就任後最初の式辞となる一九五二年（昭和二十七年）三月二十八日の卒業式式辞には、この年が日本にとっても節目の年になるという認識が見られます。

本年は日本国民にとつても、或る意味において卒業の年である。過去六年半にわたる被占領、被保護の時期が終つて、まがりなりにも自主独立を恢復しようとしている。しかしそこには賠償問題と外国軍隊の駐屯という二つの問題があつて、これが物質的にも精神的にも日本国民の自主独立の負担となることは明白である。我々が完全なる自主独立を恢復するまでには、今後なほ数年もしくは数十年の勤勉と努力、思慮深き行動と忍耐を必要とするのである。

前章で見た通り、サンフランシスコ講和条約が調印されたのは南原総長の任期中の一九五一年九月八日でしたが、発効日は矢内原総長就任後の一九五二年四月二十八日で、法的にはこれがＧＨＱによる占領体制の終了日とされます。右の式辞が述べられたのはちょうどその一か月前ですが、日本が自主独立に向かって歩みつつある一方、なお戦後処理の問題が残っていて、完全な解決までには少なからず時間を要するであろうという見通しが示されています。

じっさい講和条約の調印後も、同時に締結された「日本国とアメリカ合衆国との間の相互協力及び安全保障条約」(いわゆる日米安保条約)に基づいて、米軍の駐屯はそのまま継続されました。これがやがて一九六〇年と七〇年の安保闘争の火種となったこと、そしてその後も沖縄を始めとする基地問題として日本社会に大きな影響を及ぼし続けていることは、言うまでもありません。式辞では、日本が完全な自主独立を獲得するには「今後なほ数年もしくは数十年」の時が必要であるとされていますが、ここで「数十年」というのはどれくらいの長さを念頭に置いていたのでしょうか。それから七十年の歳月を経た今もなお、わが国が米軍駐留に起因するさまざまな問題を抱えている現状を見ると、矢内原総長の予言は当たったと言うべきか、それとも外れたと言うべきか、なんとも判断しがたいところです。

右の一節の少し後には「近ごろ新聞紙上にもしばしば報道されるところの、軍隊駐屯地における風紀問題のごとき、日本国民の社会生活及び教育に及ぼす精神的害悪は、原子爆弾の与へる物質的損害に比して決して軽いとは言へない」という厳しい言葉も見られ、総長の憂慮のほどがうかがえます。

ともあれ講和条約の発効から四年後の一九五六年には、経済白書に「もはや戦後ではない」という文言が書き込まれました。そして日本はやがて高度経済成長の時代を迎え、

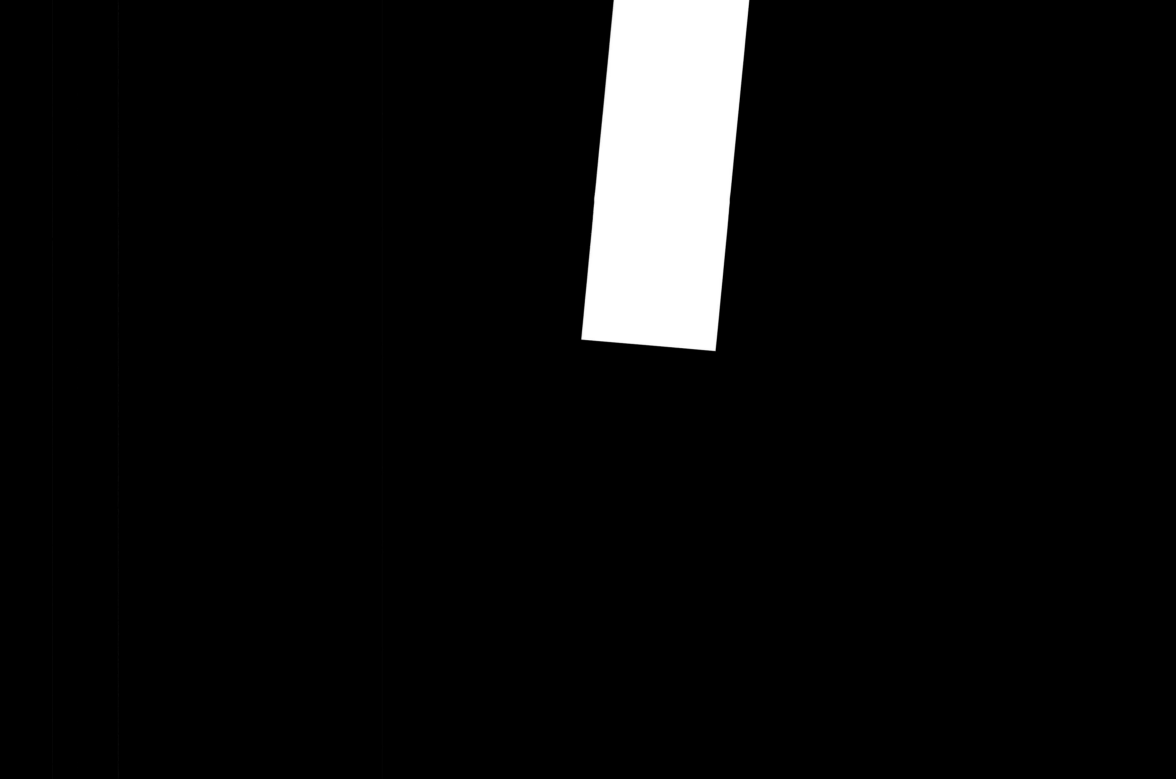

新潮新書

アメリカへの軍事的依存状態を維持しながらも、独立国家としての再建を進めてめざましい発展を遂げていくことになるのですが、それはまだ少し先の話です。

東大ポポロ事件と大学の自治

矢内原総長が就任後まもなく直面した難題に、「東大ポポロ事件」があります。これは先の卒業式よりも一か月余り前の一九五二年二月二十日、学内の公認団体である「ポポロ劇団」(「ポポロ」はイタリア語で「人民」の意)が本郷キャンパスの大教室で、松川事件をテーマとした『何時《いつ》の日にか』という作品(作者は農民作家の藤田晋助)を公演中、観客の中に四名の私服警官が混じっていることに気付き、三名の身柄を拘束して警察手帳を奪った上で、謝罪文を書かせたという事件です。松川事件というのは、一九四九年八月、国鉄(当時)の東北本線松川駅 - 金谷川駅間で脱線事故があり、転覆した列車の乗務員三名が死亡、列車往来妨害の容疑で労働組合員二十名が逮捕され、有罪判決が下されたものの、最終的には全員が逆転判決で無罪となった、戦後の代表的な冤罪事件です。[27]

警官にたいして暴力が振るわれたとして、警察は公演の翌日に事前通告なしで大学構内に立ち入り、学生一名を逮捕しました。けっきょく二名の学生が起訴されたのですが、件の警察手帳には、以前から当局が教授陣や学生の思想動向を調査するために学内に潜伏し、秘密裏に情報収集をおこなっていた証拠が記されていたため、大学自治にたいする警察権力の介入として大きく報道されました。

ポポロ劇団はあくまでも大学の公認団体であり、公演も正規の手続きを経たものでしたから、その点で問題があったわけではありません。しかし芝居のテーマが松川事件であったことからすれば、警察当局が初めから偵察の意図をもって潜入していたことは間違いないでしょう。

この問題は国会でもとりあげられ、矢内原総長は三月中、数回にわたって参考人・証人として召喚されます。彼はそこで学問の自由と大学の自治が不可分であるという持論を展開し、政治的・宗教的権力からの独立がいかに重要であるかを雄弁に説きました。中には彼にたいして悪意に満ちた質問を浴びせた議員もいたようですが、総長は終始毅然とした態度で自分の主張を貫き、大方の議員を説得したと伝えられています。

先の卒業式はこうした状況の中で挙行されたものですが、式辞では事件について次のように触れられています。

最近警察権との関係において本学に起つた事件に関連して、学問の自由、大学の自治、ひいては一般に日本社会における言論、思想の自由が特高警察的活動によつておびやかされることなきやう、我々が学問自由の一線を強く守るために努力していることは、諸君の知るところである。

直接的な言及はこれだけですが、この一節の前では「真理の為には何物をも恐れぬということ」の重要性、「世の権力者の圧迫にも迫害にも屈せず、世間の評判と人気をも恐れず、真を真とし、正を正として主張する精神」の必要性が説かれており、「この精神の旺盛でないところには健全なデモクラシーはあり得ない」とも述べられていました。

こうした発言からもうかがえるように、矢内原忠雄は何よりも学問の自由と大学の自治を重視し、言論・思想の自由を警察権力から守ろうとする立場を明確に打ち出した総長でした。この信念にはもちろん、彼自身がかつて思想的理由で大学を追われた経験が反映しているのでしょう。じっさい、かつて辞職の原因となった「国家の理想」という論文には、国家が実現すべき正義とは弱者の権利を強者の侵害から守ることであるという、当時は不穏当な反権力的言辞とみなされたものの、今日であれば当然と思われる趣旨が述べられており、彼の姿勢は戦前・戦後を通じていささかも揺らいでいないことがわかります。

矢内原総長の式辞では右の引用に続けて、太平洋戦争の末期に東京大学の建物の一部を高射砲陣地として使用したいという軍の申し入れを受けたとき、当時の大学当局が勇気を奮ってこれを拒否したこと、また終戦直後に進駐軍が東京大学を接収したいと申し入れてきたときも、時の執行部が大学を軍事目的に供することを拒絶したことが紹介されていますが、これらがいずれも内田祥三総長時代のできごとであったことは、第2章の最後でも見た通りです。

さらに矢内原は、進駐軍の接収要求に関して、時の文部大臣であった前田多門が東京大学の立場を支持し、代わりに文部省の庁舎を提供することを申し出るという誠意を示したことにも触れていますが、前田は若い頃に内村鑑三の聖書研究会に参加しており、矢内原とは旧知の間柄でした。[28]

ポポロ事件はその後、一九五四年に東京地裁で第一審判決、一九五六年に東京高裁で第二審判決が出ましたが、いずれも警官の学内への立ち入りが違法な越権行為であることを認め、学生の行為は大学の自治を守るための正当なものであったとして、無罪としました。ところが最高裁は一九六三年、一転して警官の立ち入りは大学自治を侵すものではないとして、本件を東京地裁に差し戻し、再審理の結果、今度は被告二名にたいして執行猶予付きの有罪判決が下されたのです。矢内原は一九六一年末に亡くなっているので、このときすでにこの世にいませんでしたが、このことを知ったらさぞ口惜しく思ったことでしょう。

平和主義と矢内原三原則

矢内原総長の平和主義は、先の卒業式の二週間後、一九五二年（昭和二十七年）四月十二日におこなわれた、総長として最初の入学式でも明確に打ち出されています。新日本の基本原理は新憲法の明示する「平和とデモクラシー」であるとした後で、彼は次のように述べています。

旧日本は、この二大原則を守らず、それに反した国策を強行したればこそ、人類と己が国民とを不幸に陥れたところの戦争を挑み、日本民族の歴史に曾《かつ》てなきほどの敗戦と占領を経験し、ある意味においては一度滅亡したのではないか。歴史の教訓の重んずべきを知り、戦前の旧日本の犯した過誤と失敗をくり返さないためには、新憲法の二大原則を維持し、その理想に忠実でなければならない。

私は学問の権威において諸君に告げる。歴史の教訓は重んぜられねばならないと、私は人類と国民を愛する精神において諸君に訴える、歴史の過誤をくりかへしてはならないと。諸君はこれよりこの大学に学び、やがて業卒《お》えて社会に出れば日本復興、新日本建設の重要な任務の担い手となるべき者である。諸君は日本民族の発展のために、世界人類の平和のために、身をささげて働き、たたかい寄与せねばならない。

旧日本は「一度滅亡した」という言い方は、十五年前の講演で述べられて問題とされた「日本の理想を生かすために、一先づこの国を葬つてください」という言葉を想起させずにはいません。無謀な戦争に向かって突き進んだ軍国主義国家としての旧日本は一度死んだ、これからは平和とデモクラシーを基本原理とする新しい日本を築かなければならない、そのためには歴史の教訓を活かし、けっして「戦前の旧日本の犯した過誤と失敗」を繰り返してはならないと呼びかけるこの式辞には、南原繁総長から引き継いだ過去への反省と未来への展望が凝縮されています。

ただし大学の自治を何よりも重視していた矢内原総長が、一方で学内秩序の維持に関してはきわめて厳格な姿勢を示していたことも記しておかなければなりません。日本の学生運動は、さすがに戦争中は完全に影を潜めていましたが、戦後まもない一九四八年（昭和二十三年）には「全日本学生自治会総連合」（いわゆる「全学連」）が結成され、一九五〇年代の初期からその活動がかなり活発化してきました。そして先に述べた「東大ポポロ事件」がきっかけとなって、一九五二年の二月以降は全学連主導の非合法的実力行使が相次ぐようになります。

同年五月一日には第二十三回のメーデーが開催されましたが、途中から学生を含む一部のデモ隊が暴徒化して警官隊と激しく衝突、死者も出る流血の惨事となりました（血のメーデー事件）。

教養学部長時代の一九五〇年九月、いわゆるレッド・パージ（共産党員を公職や企業から追放する政策）反対闘争の一環としておこなわれた学生の試験ボイコット運動に直面した経験がある矢内原総長は、一九五二年の入学式でこのように述べています。

研究が自由でなければ学問の発達しないことは、人文科学、社会科学、自然科学のすべてについて真理であつた。学問の自由は大学の基本的な生命である。その当然の帰結として、学問を研究し教育する場としての大学は、政治的行政的権力から自由でなければならぬことは当然である。これは実に日本だけでなく、世界の大学に通ずる原則であつて、人類が自由のための闘争によつて獲得した貴重な遺産の一つなのである。

しかしながら自治の主張には、それに伴う責任のあることは当然である。大学は外部の政治的行政的権力の介入に対して、大学の自由を擁護すると共に、大学自身の力を以て学内の秩序を維持しなければならない。大学の自由を利用して、社会の公安秩序をみだすことがあつてはならないことはもちろん、研究および教育の場としての大学の機能を害し、任務をさまたげるごとき活動が、学内において行われることを許すことは出来ない。

学問の自由は何よりも重要であるが、外部権力の介入を避けるためにも学内の秩序は大学自らが守らなければならない、というこの理念に基づいて、矢内原総長はそれまで存在した「ストライキは認めない」という基本方針に、「ストライキを議題とする学生大会は認めない」、「スト決議を緊急の議題として取り上げることも認めない」という二つの原則を付け加えました。具体的には、ストライキの実行指導者である学生自治会委員長だけでなく、スト議案の提出者、およびこれを受理した学生大会の議長も退学処分にするという、厳しい内容です。

この学生対策方針は「矢内原三原則」と呼ばれ、一九六九年一月、東大紛争の折に大学当局と学生側との間で交わされた「東大確認書」で正式に廃止されるまで維持されました。ただし、いったん退学になっても復学は比較的容易だったようで、矢内原総長はのちに一九五四年（昭和二十九年）四月十二日の入学式式辞で、「本学においても、過去において学生運動の逸脱のため少からぬ数の学生を懲戒処分にしたが、今日ではそのほとんど全部の者は反省して復学を許され、すでに卒業した者もあり、平穏に在学して修学中の者もあることは私の喜悦とするところである」と語っています。[29]

旧制から新制へ

一九五三年（昭和二十八年）三月二十八日には、旧制向けの卒業式と新制向けの卒業式の両方が挙行され、それぞれ異なる式辞が読まれています。

旧制向けの式辞では、まず占領下の日本において学生運動が熾烈化したことへの言及があり、それが民主化の促進と占領政策への批判の表れである限りにおいては首肯しうるものであるけれども、学外の政治勢力と結びついて非合法的な実力行使の様相を呈するならば、それは学生運動の正当な範囲を逸脱したものであって到底容認できないという、従前通りの主張が述べられています。

特にこのとき矢内原総長が念頭に置いていたのは、前年（一九五二年）の二月から九月まで、先に触れたポポロ事件をきっかけとして全学連指導下の学生運動が過激化した時期のことでした。血のメーデー事件もそのひとつですが、彼によれば、この時期に展開された運動は「日本の民主化を推し進めるものでもなく、大学の自治を守るものでもない」。そして「一般学生諸君からの明示もしくは暗黙の批判」があったおかげで、十月以降は急速に鎮静化していったと回想されています。

一方、新制向けの卒業式ではがらりと趣が変わって、自分が教授としての定年を迎えて最後の試験答案の採点をした結果、「新制の卒業生は旧制の卒業生に比し、若干見劣りする点がないではない」という、率直な印象が披瀝されています。どういう点が見劣りするのかというと——

　第一に、漢字の知識、並に漢字を用ひての表現の仕方においてである。知らないといふ事自体は大した事ではないが、問題は不熟な漢字もしくは漢語を使用するといふ事にある。文字とことばについての文学的なセンスがよく養はれて居ないといふ感じがする。

　第二に、思索の対象たる問題を限定して、その中心を客観的に把えるといふ態度において弱さがあり、何でも知つて居ることを雑然と書きならべるといふ風が感じられる。

　第三に、自己といふものの把握が確立して居らず、思想的訓練の弱さが感じられる。

本書をここまで読んできた読者の中には、特に第一点を見て思わず胸に手を当てたくなった人も少なくないのではないでしょうか。戦前の格式ばった総長式辞に読み方のわからない漢字や意味の理解できない漢語があふれているのはまだ仕方がないとしても、第2章で紹介した戦没学生の手記を読むと、たかだか二十歳前後の若者とは思えない難解な語彙や表現が当然のように、しかも適切かつ的確に用いられていることに驚かされ、自分の無教養を恥じずにはいられません。

これにはもちろん、旧制高校的教養主義の伝統が与って大きいのでしょうが、矢内原の言葉にあるように「知らないといふ事自体は大した事ではない」のであって、問題なのは漢字や漢語の正しい使い方に習熟していないこと、「文字とことばについての文学的なセンス」が磨かれていないということです。つまり新制の学生たちに欠けているのは、単なる知識ではなく、むしろ対象をより的確に把握するための言語感覚であり、さらにいえばこれを支える根源的な思考力なのであって、だからこそ第二点・第三点のような指摘もなされているのでしょう。

出征を前にした戦時中の学生たちの思考や感情が、目の前の現実として切迫する死の可能性に直面して極度に濃縮され、その張り詰めた緊張が年齢を遥かに越えた成熟を否応なくもたらしたのだとすれば、そうならざるをえなかった彼らの苛酷な運命には粛然たる思いを禁じ得ません。しかし一方、戦後日本の教育が良くも悪くも「教養」の密度を薄めてしまったのだとすれば、それはやはり問題ではないかという思いも湧いてきます。時代の変遷とともに言語感覚が変化していくのはやむをえないことですが、ともすると安易な決まり文句や断片的な単語の羅列に流れてしまいがちな今の学生たちの文章を見ると、「何でも知つて居ることを雑然と書きならべるといふ風」や「思想的訓練の弱さ」が新制大学発足当時の学生だけの話ではなく、現代の学生たちの間でますます深刻化していることを実感せずにはいられません。

ただし、矢内原総長はこうした危惧の念を表明する一方で、新制の卒業生のほうがすぐれていると思われる点も挙げています。それは第一に「知識に対する新鮮な興味を広くもつて居る」こと、そして第二に「頭脳に弾力性があつて、今後伸びて行く潜在的可能性を感ぜしめる」ことです。式辞の後半では一九四九年に新しく設けられた教育学部、および教養学部教養学科（三、四年生の後期課程）の第一回卒業生を送り出すことについての言及がありますが、それはこうした新学部・新学科の創設が、右のような新制卒業生の長所を最大限に引き出すものであってもらいたい、という期待の表れでしょう。

一九五三年（昭和二十八年）四月十一日の入学式式辞には、キリスト教信者としての矢内原忠雄がそれまでになくはっきりと前面に現れている印象があります。入学試験を受けながらたまたま合格できなかった多くの受験生に思いを馳せながら、彼は次のように語っています。

私はそれを運命と呼ばず、神の意思といふ。運命といふ考は消極的なあきらめを人に与へるに止るが、神の意思といふ思想は、自己の置かれた境遇の中に人生の積極的な意味を認める。逆境に立つた人は、その逆境の中に神の意思を認め、ただに従順によく忍ぶだけでなく、逆境に立たないではわからない人生の意味と進路を見出すことが出来る。順境に立つた者もまた、その順境の中に神の意思を認め、自ら誇らず、高ぶらず、他人を見下さず、謙遜な心をもつて、自己の責任と使命を自覚するのである。

文章にすればわずか数行のうちに、「神の意思」という語句が四回も繰り返されていることが、どうしても目を引きます。不合格者からすれば、こんな言葉をもちだされても簡単に納得できるものではないでしょうが、これはあくまで入学生に向けられたメッセージですから、真意は合格者たちの傲慢と慢心を戒めるところにあったのだと思います。しかしそれにしても、国立大学の入学式という場でここまで宗教的な色彩の濃厚な言葉が頻出しているのは、やはり異例のことと言わなければなりません。これは大学の最高責任者というよりも、むしろ宗教的指導者の説教に近いような気がします。

一方この式辞では、つい二週間前の卒業式で指摘されていた旧制と新制の違いが、さらにはっきりした言い方で述べられています。「新しい学制の下においては、大学の門は前よりも広い範囲の学生に開放されたが、新制高等学校は旧制高等学校とその内容において変化し、卒業生の学力および年齢において低下を見たのである」、「大学は、旧学制下におけるよりも比較的に学力が未熟であり、人間としても幼い学生を迎へいれることになつた」――これは矢内原総長の偽らざる実感であったと思われますが、新入生たちの耳にはどう聞こえていたのでしょうか。

けれども新制大学には新制大学ならではの教育内容を新たに構築することが必要であり、けっして学問の水準を落としてはならないというのが、総長の言いたいことでした。

式辞の最後を締めくくる次の一節には、そうした大学人としての使命感がキリスト者としての倫理観とひとつに溶け合っていて、ある種の感動を呼び起こします。

「汝の車輪を星につなげよ、」といふ言葉のある通り、諸君の生涯の歩みを真理の星に連結し、真理によつて支へられ、真理と共に進展し、真理と共に永遠の光輝を放つものたらしめよ。たとへ平凡な生涯であつても、これを高貴なる目的につなぐとき、それは永遠の光輝ある一生となるのである。

諸君の学ぶところを、諸君自身の利益のために用ひず、世のため、人のため、殊に弱者のために用ひよ。虐げる者となることなく、虐げられた者を救ふ人となれよ。諸君の生涯を高貴なる目的のためにささげよ。

社会に出て高貴なる目的のために自己の学問をささげようとする者は、「人生において高貴なるものとは何であるか」を、先《ま》づ知らなければならない。諸君の大学生活をば、この「高貴なる人生」の探求たらしめよ。諸君の若き日においてこれを見出すことは、専門的知識の断片を集積するにまさりて、遥かに重要である。私は諸君が、本学に学ぶ数年間を空費せざらんことを希《こいねご》うて止まないのである。

2023

3月の新刊

新潮新書

毎月20日頃発売

新潮社

〒162-8711 東京都新宿区矢来町71 TEL.03-3266-5111 https://www.shinchosha.co.jp

「汝の車輪を星につなげよ」というのは、十九世紀アメリカの作家・思想家、ラルフ・ワルド・エマーソンの『社会と孤独』（一八七〇年）に見られる「君の馬車を星につなげ」（Hitch your wagon to a star.）という有名な言葉を踏まえたものと思われますが、要は大きな目標をもって進めといった意味です。エマーソンは無教会主義の先導者でもあり、内村鑑三はその影響を受けていましたから、内村の薫陶を受けた矢内原忠雄もその著作に早くから親しんでいたのでしょう。[30]

それにしても、なんと力強い、なんと格調の高い式辞でしょうか。弱者のため、虐げられた者のために「高貴なる人生」を歩むことを呼びかける総長の言葉は、七十年を経た今でもなお新鮮な訴求力をもって響いてきます。「学力が未熟であり、人間としても幼い」と言われた新入生たちも、ノブレス・オブリージュの精神を鼓舞するこの理想主義の言説に魂を揺さぶられ、成長への志を新たにしたにちがいありません。

国策大学から国立大学へ

矢内原総長に関しては任期の前半にさまざまなできごとがあったため、後半の式辞に触れる余裕があまりなくなってしまいましたが、最後に国内外情勢にたいする彼のスタンスについて触れておきましょう。

　戦後十年を迎えた一九五五年（昭和三十年）三月二十八日の卒業式式辞で、矢内原は「デモクラシー対コンミユニズムといふ二つのイデオロギーの対立」が先鋭化していることを指摘した上で、「いづれも己れが絶対的に正しく、他方が絶対的に誤謬《ごびゅう》であるものではなく、己れにも短所があり、他方にも長所がある。この認識が寛容の精神の根拠である」と語っています。ひるがえって二十一世紀もすでに二十年以上が経過した現在、自分の認める正義だけが唯一の正義であり、自分の信じる真理だけが唯一の真理であるとする偏狭で不寛容な絶対主義がますます世に蔓延し、しばしばネット空間での不毛な誹謗中傷や非難攻撃の応酬を拡大させている状況を見るにつけ、この言葉はいち早く価値の多様性と寛容の精神を説いたものとして、傾聴に値するでしょう。

　翌年（一九五六年）三月二十八日の卒業式式辞では、以下の三点が総長の基本的なスタンスとして挙げられています。

　第一に、武力を以て武力に対抗する思想と政策を以てしては、世界平和を作りあげることは不可能である。原水爆の如き破壊力の大きい兵器はもちろんのこと、一切の軍備を廃止する方向に人類の決意を向けなければならない。

第二に、自分の国と社会構造や国民観念を異にする国民に対して感情的な嫌悪・不信の態度をもつことは、世界平和を作り上げる道でない。謙遜と寛容はすべての国民に要求されるべき国際道徳である。

第三に、権力主義に基く統制と自由の干渉は、国民生活においても国際関係においても、人間の幸福と世界の平和に寄与する道でない。

現代の政治的指導者たちに嚙みしめてもらいたい言葉ばかりですが、矢内原総長はこれらの原則を確認せざるをえなかった背景を、大きく三点挙げています。

第一に、当時の日本では再軍備の声があがり、国家主義への復活の気配が漂い始めていたこと。それも「この声は日本国内からだけでなく、かつて日本から一切の軍備を撤廃させた外国自体が、今や日本の再軍備を当然の事と考へ、これに対し強い奨励と助言を与へ」ていると、矢内原は指摘しています。そしてじっさい、一九五〇年八月に創設された警察予備隊と一九五二年四月に創設された海上警備隊は、一九五二年八月の保安庁発足とともに保安隊と警備隊に改組され、一九五四年七月には保安庁が防衛庁に移行したのにともなって、それぞれ陸上自衛隊と海上自衛隊に改組されました。そしてこのとき新たに、航空自衛隊も新設されています。

第二に、言論と教育にたいする国家的統制の動きが見られたこと。「放送法の改正は、言論・宣伝の自由の原則を害《そこな》ふものではあるまいか。教育委員会制度の改正法案並に教科書法案のごときは、教育に対する国家的統制の思想を含む立法ではあるまいか」というのがその内容ですが、特に教科書法案についてはその反動的内容にたいして世論の強い反発があり、矢内原総長ら十大学の学長が共同で批判声明を出しています。その結果、法案自体は最終的に廃案となりましたが、教科書検定制度自体はそのまま存続し、歴史に関する記述内容や用語法をめぐってしばしば問題を引き起こしてきたことは周知の通りです。

そして第三に、戦前・戦中の軍国主義に加担していた人物が政界への復帰を果たしつつあったこと。終戦後の一九四五年九月以降、軍や政府関係者を中心に一〇〇名以上がA級戦犯として逮捕され、一九四六年五月に開廷された極東国際軍事裁判（通称「東京裁判」）では、起訴された二八名のうち、病死した二名と病気で免訴となった一名を除く二五名が有罪判決を受け、東條英機ら七名が死刑となりました（執行は一九四八年十二月二十三日、当時の皇太子明仁《あきひと》・現上皇の誕生日）。また、一九四六年一月に出されたGHQの公職追放指令により、起訴をまぬがれた者も政府等の要職に就くことは禁止されていました。しかし一九五〇年代に入ってこの方針が段階的に緩和され、一九五二年四月には占領体制の終結とともに追放令が廃止されたため、「甚だしきに至つては、巣鴨拘置所を出たA級戦犯の政界復帰のうはささへ、新聞紙上に散見する」というのです。

一九五〇年代半ばに表面化してきたこれら一連の不穏な傾向を敏感に察知したからこそ、矢内原総長は卒業式という晴れの場であえて警鐘を鳴らさずにはいられなかったのでしょう。

こうして見てくると、矢内原忠雄が南原繁の後継者として戦後の東京大学を牽引したことがいかに大きな意味をもっていたかが、あらためて実感されます。振り返ってみると、「平和主義と矢内原三原則」の項で引用した一九五二年（昭和二十七年）四月十二日の入学式式辞で、彼は「旧日本は、この二大原則［平和とデモクラシー］を守らず、それに反した国策を強行した」（傍点引用者）と語っていました。確かに一八七七年

（明治十年）の創立以来、東京大学が文字通りの「国策大学」として、国家のために役立つ人材の養成にその主たる目的を置いてきたことは否定できません。しかしその経緯が戦争への積極的・消極的加担という不幸な結果に結びついてしまったことは、すでにここまで見てきた通りです。

その意味では敗戦を機に、東京大学は南原繁と矢内原忠雄という二人の総長と、彼らを支えた教職員、およびこの場に学んで世に出て行った学生たちの力で、時の権力の意を体してその方針に追従する「国策大学」から、自由と自治を基本理念とする学問の府へ、すなわち言葉本来の意味での「国立大学」へと生まれ変わったのだと言えるでしょう。

ただし、それが本当に大学の体質を変えるような根源的転換であったのかどうかは、後の大学紛争においてあらためて問われることになります。

第5章

肥った豚よりも痩せたソクラテス？（一九五七－一九六八）

東大籠城事件と六〇年安保闘争

一九五〇年代初頭に高まりかけた学生運動が、矢内原総長の任期後半になっていったん鎮静化していたことは前章で見た通りです。しかし一九五五年七月の日本共産党第六回全国協議会（しばしば「六全協」と略されます）で大幅な路線変更がなされると、それまで党と歩みを一にしていた全学連は、離党した学生たちを中心とする新左翼の共産主義者同盟（ブント）に掌握され、これを機にふたたび運動を活発化させていきました。そのピークとなったのが、いわゆる六〇年安保闘争です。

矢内原総長の後を受けて第十七代総長に就任した茅誠司（物理学者、在任一九五七－六三）の式辞を読んでみると、就任から二年余りのあいだは、原爆に象徴される自然科学の暴走を防ぐためには人文科学や社会科学の教養が不可欠であるという話がおもな内容になっていますが、一九六〇年（昭和三十五年）四月十二日の入学式式辞は明らかに学生運動の過激化を意識したものになっていて、量的にもかなり長くなっています。その中には、次のような一節があります。

諸君もすでに御承知のように、昨年十二月いわゆる「籠城事件」なるものが本学におこり、逮捕状のでている二人の学生が学内にかくれ、大学の自治の名を利用して逮捕を免れようと試みて、危く警察当局が学内に立入ろうとする事態を招きました。いうまでもなくこのような行動は、研究と教育とを使命とする大学の、その機能に基く自治の名を全く異つた目的のために乱用するものであつて、殊に彼等が報道機関に便乗し、ことさらにその存在を誇示し、世間の注視を集めるにいたつては、大学の自治を内から危くしたものにほかなりません。

しかしこのような緊迫した情況にあたつても、大学は学生自治活動の本旨を尊重し、学生諸君の良識を信頼して、問題の解決を何よりも学生自身の手に委ねるという原則を貫き通したのであります。

この箇所については多少説明が必要でしょう。サンフランシスコ講和条約と同時に一九五一年九月八日に締結された日米安全保障条約は、一九六〇年に改定されることになっていましたが、これに反対する日本社会党、日本共産党、総評（日本労働組合総評議会）、全学連など一三四の団体は、一九五九年三月に「安保改定阻止国民会議」を結成します。そして同年十一月二十七日には、この会議の統一行動として学生と労働者を中心とした約二万人のデモがおこなわれ、その一部が国会に突入するという事件が起こりました。

現場の指導者たちは帰宅したところで即日逮捕されたのですが、このとき全学連の書記長であった清水丈夫（のちに中核派議長）と、東大ブントの指導者であった葉山岳夫（のちに弁護士）の二人は、自宅には戻らず逮捕を免れるため清水は駒場キャンパスに、葉山は本郷キャンパスに逃げ込んで立てこもったのです。これが右の式辞で「昨年十二月のいわゆる籠城事件」と言われているもので、当時はマスコミでもかなり大きく報道されました。

このとき、学生自治会執行部は警察当局の学内立ち入りを拒否する立場をとりましたが、まもなく学生たちの中から二人の行動への批判が高まり、自治会の総会では退去を求める意見が多数を占めました。結果的に彼らは十二月十日、学外のデモに参加したところで逮捕されたというのが事の顚末です。

茅総長は同じ式辞で「学生諸君が一人の国民として政治に参加することに何ら干渉するものでない」と述べる一方、自治会の行動については「あくまで民主的手続きを守り、寛容の精神を貫くこと」を求めています。これは矢内原総長の精神を受け継ぐ姿勢ですが、その背景には以上のような事情がありました。

しかしこの式辞が述べられた入学式からわずか二か月後の一九六〇年六月十五日、安保改定反対を叫ぶ全学連のデモ隊がまたしても国会に突入し、文学部国史学科の学生であった樺美智子が死亡するという事件があったことは、広く知られているところです。私は当時まだ小学生でしたが、白黒テレビで見たデモ隊と警官隊の激しい衝突の模様と樺美智子という固有名詞は、今でもなお記憶に残っています。

このように、当時は社会全体が騒然とした空気に包まれていたのですが、翌年（一九六一年）三月二十八日の卒業式に際して書かれた茅総長の文章には、「昨年の安保のような場合にも、ただ付和雷同しているだけでは、リーダーとしての資格はない」とあるだけで、樺美智子への直接的言及は見られません。東京大学総長という立場上、左翼の活動家として死亡した学生の名前を記すことは憚《はばか》られたということでしょうか、それとも単に、事件から九か月以上の時間が経過して、すでに総長の記憶からは遠ざかっていたということでしょうか。
ともあれ、国会突入事件の記憶もさめやらぬ一九六〇年十二月には池田勇人内閣が「国民所得倍増計画」を閣議決定し、日本はいわゆる高度経済成長の歩みを加速していくことになります。

内助の功と小さな親切

いささか息苦しい話題が続きましたので、少し趣を変えましょう。総長として最後の式辞となる一九六三年（昭和三十八年）三月二十八日の卒業式式辞で、茅誠司は学問の目標達成には健康と「暖かい家庭」が必要であると述べた後、こんなエピソードを紹介しています。

あるとき、私は、立派な業績を沢山挙げられたある大学教授が、停年退職されるときの記念会に出席したことがありますが、その際、その教授は長い研究生活の想い出を語られた後、『皆さまのお許しをえて、この席で私の家内にお礼を述べさせて頂きたい』と前置きをして、同教授の研究に対する背後からの奥様の援助について心からの感謝のことばを述べられました。これをきいた聴衆一同は誠に心暖まるものを感じたのでしたが、諸君もここ数年のうちに、心身ともに健康で、願わくばみめ美《うるわ》しい一生の伴侶を迎えられて、暖かい家庭を作つて、その背後の万全を期せられることを心から希望いたします。

茅総長は何の他意もなく、いわゆる「内助の功」の大切さと夫婦愛の美しさを強調したかっただけなのでしょうが、現在の私たちの目から見れば、これはかなり問題のあるスピーチということになるでしょう。「願わくばみめ美しい一生の伴侶を」というのは明らかに女性の容姿に言及した差別的発言ですし、[31]「背後からの奥様の援助」とか「背後の万全を期す」という言い方は、暗黙のうちに「女性は背後から男性を支えるもの」という伝統的な男女の役割分担を前提としています。この卒業式には女子学生も一定数出席していたはずですが、茅総長が「諸君」と言うとき、彼女たちの存在は初めから視野に入っていなかったのではないでしょうか。

もちろん、過去の言葉を現在の価値基準や倫理観で判断することには意味がありませんし、そのつもりもありません。ただ、当時はこれが特に問題とされるような発言ではなく、むしろ微笑ましいエピソードとして語られていた様子から、夫婦関係をめぐる考え方が現在とは大きく異なっていたことを示す例としてとりあげてみた次第です。

一方、茅総長は同じ式辞で、昔アメリカのバークレイにあるカリフォルニア大学を訪問したさい、ひとりの青年が目的の冶金《やきん》学教室まで道案内をしてくれたこと、また別の機会にテネシーのナッシュビルに住む家族を訪ねたときには、見知らぬ紳士が空港から車で遠くまで送ってくれたことなどを紹介し、こうした思いやりに非常に感動したという経験を語っています。そして日本の新聞にも似たような話が時々載っているとして、人助けに関する二つの記事の例を挙げ、「この小さな親切をきつかけとして、これが社会の隅々まで何気なくまた万偏《ママ》なく行なわれるようになることを私は心から希望して止みません」と続けています。

ここで用いられた言葉がやがて世間に広まり、「茅誠司といえば小さな親切」というくらい人口に膾炙《かいしゃ》して、ひとつの社会運動にまで発展したことはよく知られている通りです。茅誠司は特に身近な日常的エピソードや個人的体験を織り交ぜながら式辞を語ることの多い総長でしたが、そこから「小さな親切」運動が普及したことは、当時の東大総長の言葉がそれだけ社会的インパクトをもっていたことの一例と言えるでしょう。

茅総長の任期中であった一九五〇年代後半から六〇年代前半にかけては、白黒テレビ、洗濯機、冷蔵庫という三つの家電製品が「三種の神器」として宣伝され、各家庭に急速に普及していきました。

一九五八年に実施された第一回の「国民生活に関する世論調査」では、回答者の七割以上が自分を「中流」と規定していましたが、高度経済成長の流れの中でこの傾向にはさらに拍車がかかり、この時期にいわゆる「一億総中流」意識が定着していくことになります。茅総長の最後の式辞にどことなく牧歌的な雰囲気が漂っているような印象を受けるのも、こうした時代背景があってのことかもしれません。

豚とソクラテス

第十八代総長の大河内一男（経済学者、在任一九六三－六八）については、一九三九年の「平賀粛学」にあたって辞表を提出した教員のひとりであったことを第2章で述べましたが、けっきょく彼は大学にとどまり、戦後の一九四六年には兼任という形で専修大学の経済学部長、翌年には同学長を務めた後、一九四九年からは東京大学の専任に戻りました。総長への就任はそれから十四年後のことです。

彼が総長に就任した翌年の一九六四年（昭和三十九年）十月には第一回の東京オリンピックが開催され、東海道新幹線もこれにあわせて開通しました。新幹線は当時「夢の超特急」などと呼ばれ、庶民でも気軽に利用できる足となりましたが、これ以外にも首都高速道路を始めとして都市のインフラが急速に整備され、東京の景観は一変していきます。これらはまさに、高度経済成長の象徴のようなできごとでした。

しかしその一方で、いったん沈静化していた学生運動も、一九六四年八月に本格化したベトナム戦争などを機にふたたび活発になっていきます。それはやがて大河内総長の辞任につながる東大紛争へと展開していくのですが、その前にまず、彼の式辞をいくつか見てみましょう。

『式辞告辞集』には学部の入学式と卒業式各四回、大学院の学位記授与式三回、計十一回分の式辞が収められていますが、ひとつひとつがかなり長文なので、量的には南原繁総長に匹敵する一〇〇ページを占めています。

これらの式辞を通読してみると、いくつかのキーワードが繰り返し現れることに気付きます。出世、ゆがみ、ひずみ、ひらめき、思いつき、ものの考え方、個性、自分の頭、東大出、思想、等々……。これらを繋ぎ合わせてみれば、彼が在任中に訴えたかった主張の大まかな輪郭が浮かんできます。

そのひとつが、東大出身のエリートだからといって年功序列の制度に安住してはならない、たとえ出世の道から外れても、社会の仕組みにひそむゆがみやひずみを直視し、これを矯正するような人間になれというメッセージです。

大河内総長は一九六四年三月二十八日の卒業式のために用意した式辞原稿で、それを次のような形で文章化しました。

諸君の地位、諸君の待遇それらはただ一流有名大学を出て一流有名企業にその身を置くことによってだけ約束されるのだ、と諸君は考えるでしょう。然りその通りです。だが東京大学の卒業生がこの約束だけに生涯の生き甲斐を感じているかぎり、いつまで経つても日本はよくなりません。従つて若《も》し諸君が自分の信念を貫ぬくことによつて人生の出世街道から外れたとしても悲観してはいけません。東京大学はそういう諸君に声援を送ります。それは諸君の罪ではないからです。昔Ｊ・Ｓ・ミルは「肥つた豚になるよりは痩せたソクラテスになりたい」と言つたことがあります。我々は、なろうことなら肥つたソクラテスになりたいのですが、節をまげて今の社会のひづみから眼を被うことによつて肥つた豚の栄誉に安住するよりは、たとえ身はやせ細つても信念に生きることが人間らしいのであります。卒業生の諸君がやせたソクラテスになる決意をしたとき、日本はほんとうにいい国になるでしょう。
(傍点原文)

この一節に見られる言葉が、後に「肥った豚よりも痩せたソクラテスになれ」という大河内総長の名言として語り伝えられたこと、しかしそこには三重の間違いが含まれていたことについては、「はじめに」でも触れた平成二十六年度の東京大学教養学部学位記伝達式の式辞で私自身が指摘していますので、詳細はそちらを参照してください[32]。

要点のみ記しておけば、右の文面からも明らかなようにこれは大河内一男自身の言葉ではありませんし、引用文自体がジョン・スチュアート・ミルの原文とはかなり意味内容が異なりますし[33]、おまけに総長は当日、この一節を読み飛ばしてしまったため、その場にいた卒業生たちは誰ひとりこの有名な言葉を聞いていないのです。

この件については後日、本人が「豚とソクラテス」というタイトルのコラムを朝日新聞に寄稿して、この箇所は意図的に読み落としたのではなく、写真のフラッシュやテレビカメラのライトのせいで目がチカチカして読めなかったのだと説明しています。そして当日の各紙夕刊が、事前に配布していた原稿に依拠して一斉にこの一句を報じているのを目にして驚いたけれども、今では多少きざっぽい引用と思われてきたので、むしろ引き合いに出さなくてよかったと思っている、と述懐しているのです。[34]

本人の言葉なのでそのまま信じるべきかもしれませんが、私はこの説明の信憑性に疑問を抱いています。

まず、豚とソクラテスの一節は四十分近い式辞の後半になってようやく出てくるのに、その時点でまだ原稿が読めなくなるほど頻繁にフラッシュが焚かれていたというのはありそうにない話ですし、仮にたまたまこの箇所にさしかかったタイミングで焚かれたとしても、ほんの少し間をおけば読むことはできたのではないでしょうか。

また、ずっとテレビカメラのライトがきつかったのだとすれば、他の部分はなぜ問題なく読み上げることができたのか（まさか初めから最後までアドリブでしゃべったわけではないでしょう）、さらに総長自身は先のコラムで、この引用が「新しく社会に門出する多くの卒業生におくる言葉としてはいちばん私の気もちにかなったものだった」と書いており、それを織り込んだ式辞を「時間をかけて作文」したとも述べているくらいですから、たとえ一瞬目がくらんで原稿自体が読めない状態になったとしても、自分の記憶で話すことはできたのではないか、等々の疑問は尽きず、真相は今もって明らかではありません。

しかしいずれにせよ、これが大河内総長の名文句として大きく報道され、後世に語り継がれてきたことは事実です。世に広く受け入れられている「伝説」のたぐいには似たような例が少なくありませんから、どんな情報も無批判に鵜呑みにしないようじゅうぶん注意しなければなりませんが、その教訓は教訓として、この言葉にこめられたメッセージ自体はエリートの心構えを説いたものとして、今なお有効なものでしょう。

「ひらめき」のすすめ

大河内総長が提起しているもうひとつの主張は、学問における「ひらめき」や「思いつき」の重要性ですが、これも有名人の言葉の引用という形になっています。

昔、社会学者のマックス・ウェーバーが、晩年のある講演のなかで、非常に優れた

> 「思いつき」は、何も本を一生懸命読んでいる時とか、あるいは計算を一生懸命やっているとかいうときに、その結果として、積み重ねの結論として出てくるものではなく、むしろ人間がたまたま何かゆっくりくつろいで、たとえばパイプをくゆらしているとか、あるいは漫然となんとはなしにだらだら坂を歩いているときとか、概してそうしたときに、ふとおもいがけずにひらめきとして、浮んでくるものだ、頭を咄嗟にかすめるものである、そう申したことがあります。（一九六四年三月三十日、大学院学位記授与式、傍点原文）

これも本当にウェーバーが語ったことなのかどうか、まずは疑ってみなければなりません。式辞の原文には『職業としての学問』が出典として明示されていますので、念のために確認してみましょう。これは一九一九年にウェーバーがおこなった講演の原稿ですが、そこには次のように書かれています。

> 実際、よい思いつきは、たとえばイェーリンクが書いているように、ソファの上で煙草をのんでいるときとか、またヘルムホルツが自然科学者らしい精確さで述べて

いるように、ダラダラ登りの道を散歩しているときとか、一般にそういったばあいにあらわれることが多い。とにかくそれは、人が机に向かって穿鑿《せんさく》や探究に余念ないようなときにではなく、むしろ人がそれを期待していないようなときに、突如としてあらわれるのである。[35]

大河内総長が参照しているのは、おそらくこの箇所で間違いないでしょう。ここでも「煙草」が「パイプ」に替わっているといった具合に、少しアレンジした形になっていますが、先に見たミルからの引用に比べれば、だいたいの内容は彼自身の言葉で再現されているようです。

ところでここだけ読むと、確かにウェーバーはもっぱら「よい思いつき」の偶然性を称揚《しょうよう》しているように思えるのですが、じつは彼はこの後に続けて、「とはいえ、こうした穿鑿や探究を怠っているときや、なにか熱中する問題をもっていないようなときにも、思いつきは出てこない」とも述べているのです。つまり彼は、時間をかけた探索や思索の重要性はけっして否定していないばかりか、むしろ偶然のひらめきと地道な調査や勉学の積み重ねの両者がたがいに補い合ってこそ、真に価値ある研究は成り立つものであると説いているのであって、それが講演全体の趣旨でした。こうしてみると、大河内総長の引用はやはりミルのケースと同様、自分の言いたいことを言うために、印象に残っている部分だけを「思いつき」で抜き出して恣意的に使っているという印象をまぬがれません。

彼は一九六六年三月の学位記授与式でも「ひらめき」の意義について語っていますが、そこでは比較的若い年齢のうちにこうした着眼の得られる機会が多いということが強調されています（ここで大河内総長は「ちょうど若い娘さんと同じように、お年頃というものがあるのではないか」「とうが立ってしまってはいけない」といった比喩を用いているのですが、これは今日では完全にアウトの発言でしょう）。

また一九六七年三月の学位記授与式でも、学問の発展というものは単なるコンピュータの操作や丹念な実態調査や文献の読破などによって達成されるものではなく、「一つの「ひらめき」とか「着想」とか、マックス・ウエーバーのいう「思いつき」というものが学問の進歩に対してもっている重要さは、どの分野であっても非常に大事なことだ」と、同様のことを述べています。こうしてみると、これが彼にとって終始一貫した学問的信念であったことがわかります。

「自分の頭で考える」こと

大河内総長がもうひとつ一貫して強調している点に、「自分の頭で考える」ということがありました。彼は入学式の式辞で繰り返しこのことに触れています。

今後諸君は四年間で東大を卒業されるでしょうが、その間諸君の勉強の姿勢としてはできるだけ「自分の頭」でものを考える。それを主眼としてほしいということです。もちろん、大きなワクでの専門分科というものはだんだんと諸君に身についていくわけですが、そしてそれの専門の大きな領域の中での自分自分の基礎知識なり、そこでのものの考え方なり、判断力なり、あるいは見識なりというものについて、ともかく「自分の頭」で考えるということが何よりも必要でしょう。（一九六四年四月十一日入学式）

諸君は大学生らしい生活態度を身につける必要がある。大学生らしい生活態度とは、自分自身の頭で考えることである。自分の頭で考える——つまり他人の考えで生き

たり、借り物の考えで生きるというのは大学生として基本的な生活態度ということは出来ない。（一九六五年四月十二日入学式）

私はある学校で、新入生諸君に向って「自分の頭」で考えなさい、と申しましたら、聞いていた一人の学生から、「自分の頭」で考える以外に考えようがないではないか、というはなはだ愚劣な質問（笑）を受けたことがあります。私の言おうとしたのは、「自分の頭」で考えるというのは、何事によらず、「自分の頭」を濾過して判断すべきものであり、他人からの借りものの頭や他人からの借りものの判断や、さてはまた教科書や、入門書や、あるいは何処からかの指令や、公式などにたよって、もの事のイエス・ノーや、善し悪しを決めるようなことをしないで、仮りにどんな貧弱な頭であってもですが（爆笑）、まず自分自身の頭、両親からちょうだいした頭、それで首をひねって考える、そして、その問題を自分の問題として、いわば主体的に取り組む態度なり姿なりが、私の言う「自分の頭」で考えるということの意味であります。（一九六六年四月十二日入学式、傍点原文）

他人の考えたことをあたかも自分が考えたことであるかのように錯覚してしまうというのは確かにありがちなことですから、その限りにおいて大河内総長のメッセージはありふれたものであり、理解できなくはありません。

しかしどうしても引っかかるのは、三番目の引用で、学生（「ある学校」とあるので、東大ではない大学の学生――おそらく彼が一時兼任していた私立大学の学生――でしょう）の疑問を、「はなはだ愚劣な質問」と切り捨ててしまっている部分です。「自分の頭で考える以外に考えようがないではないか」というのは、質問者にその意図があったにせよ、なかったにせよ、「思考の主体とは何か」についていくらでも思索を深める契機になりうる重要な疑問であって、こうした根源的な問いを思い浮かべることこそが、じつは「自分の頭で考える」ということなのではないでしょうか。

右の引用の中には聴衆の反応を示す（笑）とか（爆笑）という記載がありますが、一学生の率直な疑問を「愚劣」のひとことで片付けた上に、質問者を遠回しに揶揄するかのごとく「どんな貧弱な頭であっても」といった言い方で笑いをとる姿勢は、正直なところあまり愉快なものではありません。

これは「君たち東大生は貧弱な頭の持ち主ではないのだから、そんな愚劣な質問はしないだろう」という学生たちへの目配せにほかならず、結果的に総長自身が繰り返し戒めているはずの鼻持ちならないエリート主義に加担することになりかねない気がするのですが、いささかひねくれすぎた見方でしょうか。

ちなみに、第二十六代総長の蓮實重彦は一九九八年四月の『教養学部報』（東京大学教養学部）に寄せた「思考の誕生」（『齟齬の誘惑』所収）という文章で、「自分で考えること」ばかりが推奨されているのは危険な徴候である、学問の体系と歴史はまさに「他人が考えたこと」の総体にほかならないのだから、重要なのは「他人とともに考えること」であると書いていますが、これは先の学生の素朴な疑問にたいする最善の回答であるように私は思います。

東大紛争の混乱

大河内総長の在任中は、すでに触れた東京オリンピックやベトナム戦争のほかにも、一九六六年五月に中国で文化大革命の嵐が吹き荒れるなど、国内外で大きなできごとが相次ぎましたが、彼自身にとって何よりも大きな事件は、やはり一九六八年（昭和四十三年）一月の医学部無期限ストライキに端を発した東大紛争でしょう。

三月に挙行されるはずだった卒業式は安田講堂が学生に占拠されたため中止になり、四月の入学式は強行されたものの、講堂周辺は騒然とした雰囲気に包まれ、そのとき述べられたはずの総長挨拶は『式辞告辞集』に収録されていません。

紛争の詳細な経緯についてはあまたある文献に譲りますが、もともと医学部のストから始まった抗議運動が全学規模に拡大するきっかけとなったのは、一九六八年六月十七日、安田講堂を占拠した急進派の学生を排除するために、大河内総長が警視庁機動隊の出動要請を決断したことでした。

もちろん「ストライキは認めない」というのが歴代総長の共通したスタンスでしたから、学生側が先にこの原則を破ったにはちがいないのですが、機動隊の学内導入はやはり大学当局として一線を越えた措置であり、これまで危機的状況を何度か乗り越えて守られてきた大学自治の原則を自ら放棄するものであるとして、医学部以外の学生たちも強く反発しました。

三日後の六月二十日には法学部を除く全学部の自治会が一日ストライキを決行し、二十六日には文学部が無期限ストライキに入ります。

七月には急進派を中心に「東大闘争全学共闘会議」（いわゆる東大全共闘、議長は当時物理学専攻の大学院生であった科学史家の山本義隆）が結成され、十月十二日には法学部も加わって全学部が無期限ストライキに突入しました。

事ここに至っては、もはや学内の混乱を収拾することは不可能です。こうした事態を招いた責任を取って、大河内総長は任期を全うしないまま、一九六八年十一月一日、全学部長・評議員とともに辞職しました。

そんな事情から、けっきょく大河内総長の式辞として収録されているのは紛争が始まる前年、一九六七年四月十二日の入学式のそれが最後になります。そこでおもな話題とされているのは、前項で触れた「自分の頭で考える」ことの延長線上にある「個性」の重要性ということでした。

諸君は顔つきも異なり、名前もそれぞれ違っておりますが、しばしば考え方が全く同じ人が少なくありません。似た人間を瓜二つとよく言いますが、ものの考え方や発想法において瓜二つの人たちがまことに多いのです。あるいは「自分の頭」で考えないものが多い。あるいは合言葉やスローガンで用を足してしまう、そういうものも少なくないようです。［……］自分の持ち味とか個性というものと、おおよそ縁遠い生活を長年自分で自覚しないでやってきたものが、優秀な学生の中に非常に多いということは、大学というものがそのほんらいの機能を果す上に、おおいに困る状況なのであります。ですから、そうした画一主義から諸君が抜け出ることが、このさい最も東大の学生として必要なことであります。（傍点原文）

なるほどその通り、と思わず頷きたくなる言葉ではありますが、考えてみれば当時の東大生が本当にそれほど画一的であったのかどうかは不明ですし、仮にそうした傾向がなんとなく見られるとしても、どこまで客観的な根拠をもってそう言えるのかはわかりません。

「優秀な学生には個性がない」とか「東大生には型にはまった人間が多い」というのはとかく口にされがちな紋切り型の批判ですが、これはそもそも実証不可能なことがらであり、そうした見方それ自体が、じつは「個性がない」「型にはまった」画一主義に囚われた安易な印象批評にすぎないようにも思われます。

とはいえ、あくまでも学生たちが「東大出」であることに驕《おご》らず、富や栄達を追い求めるよりも使命感をもって社会のために貢献すべきことを、最後まで熱心に説き続けたという点で、大河内総長の姿勢が一貫していたことは事実です。「昔の軍人が胸に勲章をさげたように諸君が「東大出」という学歴勲章を胸にかけたとしたら滑稽ではありませんか。人間は自分に固有の「仕事」によってまさに社会的に人間として取り扱われるのであり、そこに諸君の生きる場所があるのです」（一九六六年三月二十八日卒業式）といった言葉は、「肥った豚よりも痩せたソクラテスになれ」という、あの語られなかった名言の精神をより直截に表現したものでしょう。

この精神は、総長としての最後の式辞を締めくくる次の一節に集約されています。

私が望みたいのは、かぎられた四年間で、諸君がいまの日本の政治や経済や技術や文化の状況、そうしたもののゆがみとひずみを正して、ほんとうに筋の通った日本という国を自分の手でつくりあげていくのだ、というつもりで勉強してほしいのです。それこそが東京大学の学生としての、いちばんやりがいのある仕事であり、またあすからの諸君の生活に私が心から期待しているところであります。（傍点原文）

大河内総長についてはやや批判的な記述が多くなってしまいましたが、大学紛争を収拾しきれず、逆に火に油を注ぐような判断をしてしまった責任はまぬがれないにせよ、また、式辞には不用意な発言や根拠を欠いた断定が目立つとはいえ、日本のゆがみやひずみを正すために勉学に励んでほしいというこの言葉は、単純ながらも真摯で誠実なメッセージとして素直に受けとめておきたいと思います。

第6章　ノブレス・オブリージュ、国際人、多様性（一九六八－一九八五）

式辞のない総長

一九六八年（昭和四十三年）十一月一日の大河内総長辞任の後を受けて、十一月四日には加藤一郎法学部長が総長代行に選出されました。

年が明けて一月十日には、学生・教職員約七、〇〇〇人を集めて秩父宮ラグビー場で「七学部集会」が開かれ、大学当局は民青（日本民主青年同盟）系の学生やノンポリ（ノンポリティカル）学生を相手に交渉、二十六項目から成る「確認書」を交わした上で、ストライキを解除するという合意に達します。しかし全共闘系の学生は相変わらず安田講堂の占拠を続けていたため、加藤総長代行は彼らを相手にこれ以上の交渉は不可能と判断、機動隊の導入による排除を決意しました。

こうして一九六九年一月十八日から十九日にかけて、全共闘と機動隊の安田講堂攻防戦が繰り広げられるに至ったのです。激しい放水と火炎瓶の投下が応酬されるその模様はテレビでも一部始終が実況中継されましたので、当時高校二年生だった私もこの二日間は画面に釘付けになりました。

こうした混乱の中で、開学以来初めて入学試験が中止となるなど、社会的にも大きな影響が及びましたが、本書の直接のテーマではないので、ここで詳細を述べることはいたしません。ともあれ一連の事態収拾にあたった加藤一郎は、なんとか東大紛争に区切りをつけ、一九六九年四月一日、正式に第十九代総長に就任しました（在任一九六九－七三）。

しかし混乱の後遺症は、その後も長く続くことになります。学生たちが立てこもっていた安田講堂は到底儀式に使える状態ではなくなってしまったため、紛争後は当分のあいだ入学式も卒業式も中止となりました。

入学式は六年後の一九七五年四月に日本武道館を会場として再開されましたが、卒業式のほうは講堂の改修工事が完了した後、一九九一年三月にようやく再開されるまで、じつに二十年以上にわたって挙行されませんでした。そんな事情で、けっきょく加藤一郎は古在由直以来、在任中に一度も学生の前でいわゆる「式辞」を述べることのなかった二人目の総長ということになります。

とはいえ、式辞に代わるものが残されていないわけではありません。一九六九年度は入試中止のため新入生はひとりもいませんでしたが、紛争が一段落した四月以降、各学部は順次卒業生を送り出し、通常から三か月遅れの六月三十日には文系の三学部（法・経・文）の学生も卒業して、全学生の約七割が学士号を取得するに至りました。『式辞告辞集』には、これを機に加藤総長が書いた「卒業生諸君へ」、および「学生諸君へ――卒業生を送るにあたって」と題する二つの文章が収録されています。

以下は前者からの引用です。

諸君は、紛争によって中断された授業が再開された後、春休みもなく授業をうけ所定の単位を習得しました。そして、例年とほとんど変わらない学力で卒業したわけであります。私は、昨年一二月二日の「提案」で、「このような紛争中においても、不十分な学力で諸君を卒業あるいは進級させることは、大学の社会的責任という観点からも許されないことだと考えている」と述べましたが、この方針をまげないで諸君を送ることができたことは、私にとって大きな喜びであります。ただ、諸君がこの紛争によって学生生活の最後の段階で大きな混乱に遭遇し、研究・勉学の上に多大の支障を生じ、その結果、諸君の卒業が遅延したことについては、私としても深く責任を感じております。さらに、卒業していく諸君を送るにつけても、紛争のためなお卒業できない学生諸君がいることを考えると、胸のいたむ思いを禁じえません。

「昨年一二月二日の「提案」」というのは、加藤総長代行名で出された「学生諸君への提案」という文書を指しますが、前例のない困難に直面し、怒濤の数か月を潜り抜けた末、この文書に記されていた「大学の社会的責任」をようやく半ば果たしえたという率直な安堵と、半ば果しえなかったという深い悔恨が、右の引用からはうかがえます。

卒業生に宛てた文章は翌年（一九七〇年）にも三月二十八日付で『学内広報』に掲載されていますが、そこでは学生たちが前年に比べて比較的静穏な雰囲気の中で学業を修了できたことの喜びと、紛争の体験をむしろ積極的に活かして今後の人生の糧としてほしいという希望が述べられています。

一九七〇年（昭和四十五年）四月十二日には、加藤総長の「新入生を迎へて」という歓迎の辞がやはり『学内広報』に寄せられています。私が入学したのはこの年なので、迎えられた「新入生」のひとりであったわけですが、正直なところこの文章を目にした記憶はまったくありません（そもそも『学内広報』は主として学内の教職員向けの広報誌ですから、学生が読むことはほとんどないのです）。今読んでみると、大学では学ぶ者の自発性と能動性が求められること、一般教育と専門教育の連関を有機的にするようカリキュラム改定をおこなったこと、そして大学改革はこれから本格的に進められるであろうこと、以上の三点が述べられていますが、文章自体は比較的短いもので、特に印象に残るようなものではありませんでした。

日本の転換期

加藤総長の文章として収録されているのは、以上の四つですべてです。東大紛争の収拾と大学の再建に尽力した貢献度は並外れて大きかったと思われますが、『式辞告辞集』にその足跡がほとんど印されていないのは、残念というほかありません。というのも、彼の在任期間には社会的に大きな影響を及ぼす事件がいくつも起こったからです。

まず、一九七〇年六月は六〇年安保闘争からちょうど十年にあたり、日米安全保障条約の自動延長を阻止しようとする学生運動が再燃しました。それ以前から各地でデモ隊と機動隊の衝突が相次ぎ、投石や火炎瓶はもはや日常的な風景となっていましたが、六月十四日と二十三日には都心で特に大規模なデモが組織され、かなりの数の一般学生も動員されました。

　じつは私自身も友人と連れ立って比較的穏健な集団に参加していたのですが、渋谷付近で対峙した機動隊によって投じられた催涙ガスを浴びて散り散りになり、生理的に湧き出てくる涙を流しながらあえなく撤退したことを今でも覚えています。

　同じ年の十一月二十五日には、作家の三島由紀夫が市ケ谷の自衛隊駐屯地で割腹自殺を遂げるという、衝撃的な事件もありました。私は当日、介錯によって切り落とされた彼の生首の写真が新聞の一面に掲載されているのを見て強いショックを受けた記憶がありますが、それは都市部で発行された朝日新聞夕刊の早版だけだったらしく、それもすぐに別の写真を載せた版に差し替えられたようです。

　三島は前年、一九六九年の五月十三日に、東京大学駒場キャンパスの大教室で全共闘の学生たちとの討論会に臨んで話題を呼びましたが[36]、そのわずか一年半後のことでした。彼は『仮面の告白』や『金閣寺』ですでに高名な作家でしたから、ずいぶん年長というイメージがありましたが、自決した当時はまだ四十五歳、今にして思えばむしろ若いと言ってもいい年齢です。加藤一郎総長とはわずか三歳違いで、しかも二人は同じ法学部出身ですから、どこかですれ違っていてもおかしくありません。

そして一九七二年（昭和四十七年）二月には、極左組織の連合赤軍のメンバー五人が長野県軽井沢にある民間企業保養施設の浅間山荘に人質をとってたてこもり、死者三名を出したあげく、鉄球を使って強行突入した機動隊に制圧されるという、これまたきわめて強烈な印象を残す事件（あさま山荘事件）がありました。先の安田講堂事件もそうでしたが、こちらもテレビで人質救出作戦の一部始終が生中継され、部隊突入時の視聴率はほとんど九〇％近くに達したと言われています。

事件後の調べでは、組織内で数々の陰惨なリンチ殺人がおこなわれていた「山岳ベース事件」も明らかになり、世間に大きな衝撃を与えましたが、これは一九六〇年代から七〇年代初頭にかけて暴力闘争を続けてきた過激派集団の断末魔ともいえる象徴的なできごとでした。

三か月後の五月末には、イスラエルのテルアビブ近郊、ロッド空港でアラブ赤軍に属する日本人三名による銃乱射事件が発生し、死者二六名、重軽傷者七三名を出す惨事となりましたが、この頃を境に、国内の学生運動は一気に下火になっていきます。

いっぽう、同じ一九七二年の五月には沖縄返還が実現、九月には日中の国交が正常化され、翌年一月にはベトナム和平協定が成立するなど、政治情勢や国際情勢にも大きな変化が次々に起こりました。つまり、加藤一郎総長の在任時代はいわば日本の大きな転換期にあたっていたわけで、こうした状況の中で入学してきた学生や卒業していった学生に彼が何を語り、何を訴えたかったのか、もう少し知りたかったというのが正直な気持ちです。

アカデミック・フリーダムとノブレス・オブリージュ

第二十代総長の西洋史学者、林健太郎（在任一九七三－七七）は、一九六八年十一月一日の大河内総長辞任にともなう人事一新で文学部長に就任した直後、文学部全共闘との団体交渉に臨み、十一月四日から十二日まで、じつに一七三時間にわたって学内の建物にカンヅメ状態にされた「林健太郎監禁事件」で有名です[37]。

全共闘が求めていたのは、彼自身の学部長就任の撤回と学生処罰の禁止でしたが、林は粘り強い対話を続けながらもいっさい譲歩することなく、最後までこれらの要求を拒否する姿勢を崩さなかったといいます。その毅然とした態度は、のちに全共闘側からも称賛されたほどでした。

先に述べた通り、紛争以後、東京大学では卒業式はずっとおこなわれていませんでしたが、入学式は林総長の任期三年目にあたる一九七五年（昭和五十年）四月十二日、会場を日本武道館に移して六年ぶりに開催されました。このとき彼が語った式辞は、歴史学者らしく東京大学の沿革から説き起こした後、今日の大学を特徴づける新しい原理に言い及んでいます。

いうまでもなく日本には古い文化と学問の伝統があります。しかし今日の大学は単に日本の古い文化・学問をひき継いでいるだけではなく、明治維新後の近代的な科学・哲学・思想等が大きな部分を占めています。今日の学問は世界的・国際的なものであり、しかも新しい人間的な自覚に基づいて成立っているものであります。この新しい原理に基づいて成り立った学問を研究する機関が今日の大学なのであります。

それではこの大学の原理とは何かというとそれは“Academic Freedom”といえるでしょう。これは「学園の自由」と訳されておりますが、これには二つの意味が含まれていると思います。一つは〝大学の自治〟であり、もう一つは〝学問研究の自由〟であります。ヨーロッパでは大学は当初から自治体として成り立っておりました。しかしこれらの大学には、今日のような〝学問研究の自由〟は存在しておりませんでした。

中世ヨーロッパの大学はギルド的な閉鎖性・排他性をもっていたけれども、十八世紀末から十九世紀初めにかけて、学問は自由な精神に基づいて真理の探求を行わなければならないというカントの思想が普及し、大学（Universitas, University）という言葉も本来の「総合大学」を意味するようになってきた、すなわち学問研究の自由が成立して初めて今日のような総合大学が成立したのである、というのが林総長の話の趣旨ですが、彼はこれに続けてプロイセンの言語学者、ウィルヘルム・フォン・フンボルト（一七六七-一八三五）の言葉を引用しています。

曰く、「学校とは出来上った解釈ずみの知識を扱うところであり、大学は学問というものを、未だ解決されない問題として扱うところである」（「ベルリン高等学問施設の内的ならびに外的組織の理念[38]」）。

フンボルトは一八一〇年にベルリン大学（現フンボルト大学）を創設したことで知ら

れ、大学教育を語る上では必ず名前が出てくる人物です。ここで単に「学校」と言われているのは、いわゆる高等学校までの中等教育機関を指すと考えていいでしょう。つまり、高校まではすでに知られていることを知識として勉強するところであるのにたいし、大学はまだ答えのわかっていない問題に取り組むところである、というわけで、近年しきりに口にされる「正解のない問い」に立ち向かうことの意義は、もう二百年以上も前にフンボルトによって指摘されていたことがわかります。

林総長はこの議論を踏まえながら、学問とは知識を覚えることではなく、「物を知る方法を知る」、あるいは「物を知ることの根源は何であるかを考える」ことであるとして、方法論あるいは認識論の重要性を新入生に説いています。

翌年（一九七六年）四月十二日の入学式式辞にも〝Academic Freedom〟とフンボルトへの言及が見られますが、ここではさらに新たな言葉として、〝Noblesse oblige〟が現れます。

フランス語に〝ノブレス　オブリージュ〟（Noblesse oblige）という言葉があります。Noblesse は貴族、oblige は義務があるという意味で、これは貴族である者には、それに伴って強い義務があるということであります。日本でも武士には武士の厳しい倫理というものがありました。諸君は新渡戸稲造という人を知っていると思います。かつてこの人が武士道という本を英語で書きました。東京大学の教授であった新渡戸稲造はクリスチャンでありましたけれども、日本の文化、精神というもののよい面を外国に知らせなければいけないというので大いに努力したのであります。

新渡戸稲造は札幌農学校（現北海道大学）で内村鑑三の同期生であり、南原繁も矢内原忠雄も同じ聖書研究会のメンバーでした。英語で書かれた『武士道』は一八九九年にアメリカで刊行された後、各国語に翻訳されて世界的なベストセラーになり、日本語版も一九〇八年に出版されています。

キリスト教とは直接関係しない日本の伝統文化を、母語ではない言語であえて外国に紹介する労をとった新渡戸の強固な使命感に、林総長は武士道に通じる「ノブレス・オブリージュ」、すなわち「高き身分の者に伴う義務」の範を見て取ったのでしょう。

林総長はさらに、東大初期の卒業生である森鷗外がドイツ留学中に書いた

「Forschung の Frucht を教えるの期は去れり。Forschung を養うべし」という言葉を引き、研究（Forschung）の結果（Frucht）だけを教えている時期はすでに去った、これからは研究という行為そのものを教えなければいけないと述べていたことを紹介していますが、これは前年の入学式で語られていた「物を知る方法を知る」という方法論・認識論の重要性を、いち早く指摘したものと言えるでしょう。このように、先人たちの行為や言葉を織り交ぜながら学問の本質を説く林健太郎総長の式辞には、いかにも歴史学者らしい知見がちりばめられています。

「よくできる人」と「よくできた人」

東京大学は一八七七年（明治十年）創立ですから、一九七七年（昭和五十二年）は創立一〇〇周年にあたります。この記念すべき年に総長に就任したのは工学者の向坊隆（在任一九七七-八一）、東大紛争時代に工学部長や総長特別補佐を務めて事態の収拾にあたった執行部メンバーのひとりです。

彼が入学式の式辞で強調しているポイントのひとつは、「余裕をもつ」ことの必要性です。

私の専門の工学の方で言いますと、どのような機械でも適切な余裕をもって設計することが大切です。寸法の上での余裕が大きすぎればガタガタしますし、小さすぎれば動きません。丁度適度の余裕が必要なのです。また能力の点で余裕のない機械や設備では、安全や寿命が保証されません。これと非常に違った例として、諸君は落語や舞踊のことをよくご存知でしょうか、これらにおいて、最も大切なのは「間」のとり方であるといわれています。間をとるとは、要するに余裕のとり入れ方です。スポーツにおいて膝を曲げるとか、何らかの余裕のある姿勢をとることが必要なことは、諸君もよくご存知でしょう。ユーモアを解さない人間は、少くも国際社会では尊敬されません。心に余裕のない人間は大した事は出来ないということです。（一九七七年四月十一日入学式）

翌年（一九七八年）の入学式ではこれに安全運転の話が付け加わりますが、基本的には同じ趣旨の話が繰り返されていて、これが向坊総長の一貫した主張であったことがうかがえます。彼自身が身をもって経験した大学紛争の騒乱も、この頃には完全に沈静化し、式辞にも「余裕」が生まれたといったところでしょうか。

じっさい彼の在任時代には、一九七七年九月に日本赤軍による日航機ハイジャック事件（ダッカ事件）が起こったり、一九七九年十二月にはソビエト連邦によるアフガニスタン侵攻があったり、一九八〇年九月にはイラン・イラク戦争が始まったりするなど、国外では不穏な事態が相次いでいましたが、国内的には比較的大事件が少なかったように思われます。

一九八〇年四月十二日の入学式では、新制大学の発足とともに、国立大学だけでなく公私立大学も急速に増え、同年齢層の約四〇％が高等教育機関に進む「大学の大衆化」現象が見られるようになったため、大学はもはやエリート養成機関とは言えなくなったこと、そしてその結果、「学歴ではなく、社会における業績の方が重んぜられる世の中になってきた」ことが指摘されています。

こうした変化を踏まえた上で、向坊総長は新入生たちにこう語りかけます。


世の中でよく人を賞めるのに「あの人はよくできる」という場合と「あの人はよくできた人だ」という場合があります。一字違いですが意味は相当違いますね。前者の場合には何かについての能力を、後者は人柄を評価しているわけです。私は皆さんが将来「よくできた人だ」といわれるようになって欲しいと思いますが、若い人について、そのような評価を期待するのは間違っているかも知れません。問題にしようとしているのは、「よくできる人だ」と評価される場合です。それは能力をはかる物指しによって評価がちがうからです。皆さんはきっと「よくできる子だ」といわれてきたでしょうし、大学に合格して益々その評価は上ったことでしょう。ところでこの場合の物指しは何だったのでしょうか。

社会に出てからの評価基準は試験の点数ではなく、あくまでも本人がなしとげた業績であるというのは、あたりまえといえばごくあたりまえのことですが、これを「よくできる人」と「よくできた人」の対比で語っているのは、レトリックとしてなかなか秀逸です。このように、この時期には大学の大衆化にともなって、期待されるエリート像にも少しずつ変化が見られるような気がします。

批判的精神の涵養

第二十二代総長の刑法学者、平野龍一（在任一九八一－八五）の入学式式辞には、それまでの総長式辞には見られなかった小見出しがいくつかつけられています。「批判的精神の涵養」という本項の見出しは、そのひとつを借りたものです。

就任後最初の入学式（一九八一年四月十一日）で、彼は林健太郎総長が引用していたフンボルトの文章――「学校とはでき上った解釈ずみの知識を扱うところであり、大学は学問というものを、未だ解決されない問題として扱うところである」――を（文章上の表記は多少違いますが）そのまま引いた後、次のように述べています。

わたくしとしては、諸君に、何事にもあれ一度疑ってみるということを勧めたいと思います。これから諸君がいろいろの講義を聴かれるとき、教授の言うことをそのままう呑みにせずに、一応疑って自分で確かめてみるという態度が必要です。教授が高い教壇の上から整然たる体系を説くと、何か動かすべからざる権威のあることを述べているように聞こえ、つい言われたことをそのまま信用しがちですが、学問の世界には疑うことを許さない絶対の権威というものは存在しないのです。

今でこそ大学でも高校でも討論中心型の授業はめずらしくなくなりましたが、かつては一方通行的な講義形式が長いあいだ一般的な授業方法として定着していました。その限りにおいて、教授が良くも悪くも学生にたいして優位にある「絶対の権威」とされてきたことは否定できないでしょう。一九六〇年代末に各地で吹き荒れた学園紛争の嵐も、つまるところ大学のこうした権威主義的な体質そのものにノーを突きつける運動であったと言えるかもしれません。

しかし平野総長は、まずすべてを疑ってみること、自分自身で確かめてみることが重要であると訴えます。そして初めから教授と学生がフラットな立場で討論するアメリカの「ケイス・メソッド」の例を紹介した後、こう続けます。

大学で教育を受け、大学を卒業したと言えるようになるためには、自分で考え、自分で結論を見つけるという訓練を、何らかの形で積まなければなりません。それには、他人の考えをそのまま受入れるのではなく、一度これを疑い、自分で考え直すという態度が必要です。疑いきれなかったものだけがほんとうに自分の知識になるのであり、迷い苦しむことを通じてはじめて創造的な個性が育てられ、各人独自の判断基準が確立してゆくのです。社会にとって本当に役に立ち、また尊重されるのも、知識そのものよりもこのような態度から生まれるたくましい批判的精神だと言っていいでしょう。

これはかつて大河内一男総長が「自分の頭で考える」ことの重要性を説いたのと基本的に同じ趣旨ですから、特に目新しいことを述べているわけではありませんが、安田講堂事件から十年以上の時を経て、学問的権威の象徴ともいうべき総長自身の口からわざわざ「批判精神をもって権威を疑う」ことを推奨する言葉が語られているのを見ると、あれほどキャンパスを荒廃させた大学紛争の記憶も、すでにこの頃には彼方に遠ざかっていたことがあらためて実感され、ある種の感慨を覚えずにはいられません。

けっして暴力行為をともなう反抗が奨励されるわけではありませんが、当時の学生たちにかつてのような批判精神が見られなくなっていたのだとすれば、それはそれで問題なのではないかという気もします。二十一世紀に入って東大生の保守化傾向が顕著になっているとはしばしば言われることですが、その兆候はすでにこの頃から現れていたのかもしれません。

国際人と多様性

平野総長の式辞からもう一箇所とりあげておきましょう。一九八三年（昭和五十八年）四月十二日の入学式式辞から――

諸君の中には、将来、国際社会で活躍される人も多いでしょう。最近はわが国の人々の国際的活動がいちじるしく増大し、国際人を養成する必要があるという声も大きくなっています。しかし、国際人というのは、ただ語学に堪能で外国人と調子よく交際をするだけの人をいうのではありません。自分とは異ったものの考え方、異った生活感覚も十分に理解する能力を持った人間をいうのです。諸君も大学での勉学によって、とくに世界の人々のもつ多様性に目をひらき、このような意味での国際人になることが期待されているといっていいと思います。

ここで用いられている「国際人」という言い方は、今では少し古めかしい感じがするかもしれませんが、要はここ十年ほどのあいだでしきりに口にされるようになった「グローバル人材」を指していると考えていいでしょう。

ちなみに「産学連携によるグローバル人材育成推進会議」が二〇一一年四月に公表した報告書によれば、これは「世界的な競争と共生が進む現代社会において、日本人としてのアイデンティティを持ちながら、広い視野に立って培われる教養と専門性、異なる言語、文化、価値を乗り越えて関係を構築するためのコミュニケーション能力と協調性、新しい価値を創造する能力、次世代までも視野に入れた社会貢献の意識などを持った人間」とされています。[39]

この文面を見ると、こちらのほうがより詳細に定義されてはいるものの、基本的には「ただ語学に堪能で外国人と調子よく交際をするだけの人」ではなく、「自分とは異ったものの考え方、異った生活感覚も十分に理解する能力を持った人間」のことを「国際人」と呼ぶという、平野総長の定義とほとんど変わるところはないように思われます。

式辞ではこの一節を含む項目に「多様性の認識に基づく判断を」という小見出しがつけられていますが、この「多様性」という言葉も（しばしば「ダイヴァーシティ」という英語で）近年耳にする機会が多くなりました。主として話題になるのはさまざまな組織や集団における男女比率の不均衡が問題になる場合ですが（最近は性的マイノリティに関してもよく見かけます）、これがもっと広く、異なる意見や立場の共存を指す一般的な用語であることは言うまでもありません。

ただし平野総長は先の引用に続けて、「もっとも、異なった考えに対して理解を持つことは、自分の考えをあいまいにしておいてよいということではありません」と述べています。自分と異なる意見に謙虚に耳を傾け、他者との差異を認識することは重要だけれども、そこで自分の決断をあいまいに留保したまま安易な妥協や折衷に走ってはならない、「対立した考えの間の単なる妥協ではなく、その間のどこかに真の解決を求め、決断をしてゆかなければならない」というわけです。これは将来の社会的リーダーとなることが期待される新入生たちを意識した発言でしょう。

一方、「現代的課題に対する平衡感覚を」という小見出しがつけられた次の項目では、他者との対話を欠いて独善的判断に陥ってしまう危険にたいする警鐘が鳴らされてもいます。コンセンサスを得るために安易な妥協をすべきではないけれども、決断を下すためには意見の多様性を尊重し、あらゆるバランスを考慮しなければならない――これが平野総長の主たるメッセージでした。

なお、この式辞の最後では臓器移植の問題への言及があります。日本最初の心臓移植手術がおこなわれたのは一九六八年のことでしたが、このときはまだ原則が確立していなかったために手術の当否について議論が分かれ、その後しばらくは移植医療が足踏みしていました。しかし一九八〇年代になって、死亡判定の基準は心臓死か脳死かという問題があらためて浮上したという事情があり、平野総長は「決断」との関連でこれを話題にとりあげたのです。[40]

「コンセンサスがあることは望ましい」けれども、「自分の判断を避けて、ただコンセンサスに委ねよというのは、精神的な逃避にほかなりません」というのが総長の見解ですが、こうした細部から時代の背景が浮かび上がってくるのも、式辞を読み直す意義のひとつかもしれません。

最後にもう一点、一九八四年（昭和五十九年）四月十二日の入学式式辞で、平野総長は『東京大学百年史』の刊行について触れているのですが、そこに次のような文章が見られることを特に記しておきたいと思います。

この東京大学の百年の歴史に、反省すべき多くの点があることは否定できません。

しかし全体としていえば、その研究及び教育を通じて世界の学術の発展に大きく寄与しただけでなく、日本の近代化・民主化に多大の貢献をしたことは認めていいと思います。戦時中においても、南原　繁元総長、矢内原　忠雄元総長をはじめとして、権力を批判し、大学の自治と学問の自由を護った多くの先輩を持っています。わたくしどもはこのことを誇りとするものですし、この伝統を堅持してゆきたいと願うものです。諸君もまた、この伝統を担う一人として本学にはいられたのです。（一字空きは原文のまま）

ここに名前を挙げられた南原・矢内原の両総長のもとで、東京大学が政治権力に追従する「国策大学」から自主独立の精神を旨とする「国立大学」へと脱皮したことは第4章で述べた通りですが、右の一節はこのことをあらためて確認するものとして意義深く思われます。

第7章　あらゆる学問分野の連携を（一九八五－一九九三）

入試制度改革

第二十三代総長の森亘《わたる》(在任一九八五-八九)は病理学者で、医学部出身の総長としては戦前の長与又郎以来、二人目になります。

彼の入学式式辞には、厳しい入学試験に合格したこと自体は喜ばしいけれども、それで自分が格別に優れた人間であるなどとは思わないようにとか、画一的な人間になることなく各自の個性を伸ばせ、といったメッセージが繰り返し現れますが、これらは他の総長たちも口をそろえて語ってきたことですから、特にここでとりあげるには及ばないでしょう。

これに関連する具体的な話題として、一九八七年(昭和六十二年)四月十一日の入学式では、入試制度改革への言及が見られます。

さて御承知のごとく、今年の国立大学入学試験は、昨年までとは多少趣きを異にしたものでありました。日本には国公私立を通じて優秀な大学が多数存在いたしますが、それらの中で、私立の大学は一度にいくつも受験することが出来るのに、国立の大学については一つしか受験出来ないというのは不都合であろう、国立の大学こそ、少なくとも二校は受験出来るようにして欲しい、という世の中の要望に応えて、然るべき場で検討いたしました結果決めたものが、いわゆる受験機会の複数化であります。

国立大学の入学試験は、一九四九年から一九七八年までは一期校・二期校に分けて実施されていたため、複数校の受験が可能でした。しかしこれは両者間に格差感を生じさせるという声があったことから、一九七九年の共通一次試験導入に伴ってこの区別は廃止され、国立大学の入試日程が一本化されました。その結果、受験生は一校しか受験できなくなったというのが、右の一節で説明されていることの背景です。

そこでこの年から採用されたのが、各大学・学部がA日程グループとB日程グループに分かれて試験を実施する「A・B日程連続方式」と言われるものです。これによって、受験生は国立に関しても二つの大学・学部を受験することが可能になりました。森総長が「受験機会の複数化」と言っているのはこの制度改革を指しています。

もちろん、機会が複数化されたからといって、従来の学力試験による選抜方法そのものが変更されたわけではありません。一九八九年からは前期日程試験と後期日程試験の二本立て方式が導入され、東大では前期日程との差別化を図るために後期日程で論述式の試験が大幅に取り入れられましたが、結果的に合格者の大半は前期日程試験の（言葉は不適切ですが）敗者復活という側面が強く、大学の負担が大幅に増した割に、得られた効果は小さかったというのが実態です。[41]

大学入試については、受験生だけでなく、高校の先生や大学の教員、受験生の親など、ステイクホルダーが多いので、さまざまな立場からさまざまな意見が寄せられますが、いちばん頻繁に見られるのは、一回限りのペイパーテストで一点刻みの合否判定をすることへの批判でしょう。これは一見すると正論に見えますが、あらかじめ定員が決まっている競争試験では、一点刻みどころか○・一点刻みでどこかに線を引かなければならないわけですから、この方式はいわば「必要悪」であって、たとえ面接試験を取り入れようが、推薦入試を併用しようが、根本的な解決にはなりません。

ひところは受験生が学業以外の特技をアピールする「一芸入試」というのが流行りま

したし、近年は「主体性評価」などと言って、「主体性を持って多様な人々と協働して学ぶ態度」を入学試験で判定材料とする動きがありますが、特技とか態度といった、本来点数化になじまないものを無理やり点数化して評価することは、かえって高校教育を歪めてしまうことになるのではないかと心配です。

学力試験が受験生の多様な能力の一面しか測ることができないのは事実ですが、大学があくまでも学問の場である以上、入学資格が学力本位で判定されることには一定の合理性があるのではないでしょうか（もちろん芸術大学であれば実技能力、体育大学であれば運動能力というように、大学の特性に応じて主たる判定基準は異なってくるでしょう）。いずれにせよ、大学ごとの定員枠を外すといった抜本的な改革をしない限り、この問題を解消することはできないように思います。

話が若干それてしまいましたが、森総長はこの点について、同じ式辞で「限られた時間内に多くの受験生を取扱い、かつ出来るだけ公平に、というような諸条件を考慮するとき、現実の問題としては、この方法が今日採りうる最も善い道であろうと考えております」と述べた上で、「諸君はこのような入学試験を受け、その結果、いわゆる学力というものを唯一の物指しとした、しかもただ一回のテストによって選ばれ、今日ここに、このような姿で座っておられる」けれども、それは「ただ単にこのような単純な試験に合格したというだけのことであって、それは真の意味における人間の値打ちとは遥かに程遠い問題であります」と戒めています。

「良識人」の失言

いっぽう卒業式については森総長時代にも相変わらず実施されませんでしたので、『式辞告辞集』に収録されているのはいわゆる「式辞」ではなく、四編の「贈る言葉」です。そのうち、出張先のハイデルベルクから送られてきた一九八七年（昭和六十二年）三月の文章では、社会に出ると「東大卒」という肩書がしばしばマイナスに働く面がある、成功しても学閥のおかげとか当然であるとか言われるし、失敗しようものなら東大出のくせにと言われて大変迷惑なことである、といったことが率直な言葉遣いで述べられています。

小気味のいい文体のおかげもあって、この文章は読んでいるとなかなか面白いのですが、森総長は外国出張中の解放感のせいもあってやや筆が滑ったのか、現在ならかなり問題になりそうなことを書いています。眉を顰《ひそ》める方も少なくないと思いますが、あえて引用しておきましょう。

世の中で人生が孤独なものであれば、せめて可愛い女房でも貰って早く家庭を、と考えるであろう。しかし、それとてもそう簡単にはゆかない。昔であれば、末は博士か大臣かといって押すな押すなと現れた花嫁候補も今日は無い。明治の頃は国全体が若き意気に燃え、欧米並みに学問を尊敬した日本の社会も、今や老いて金の亡者となり果てた結果博士の価値は著しく下落した。また大臣になる確率も何万分の一とあって、気の利いた、ナウイ（これが、私の知る最新の言葉である）お嬢さんは皆他に行ってしまう。東大出と聞いただけでイメージが合わないとして敬遠。かくして神様が東大出に割り当てて下さるのは、ほぼ東大と同様にダサイ某女子大学の卒業生程度である。

まさに「突っ込みどころ満載」の文章で、問題点を指摘し始めればきりがありません。「可愛い女房でも貰って」とか「押すな押すなと現れた花嫁候補」とか「ナウイお嬢さん」といった言い方が引っかかることはもちろんですが、そもそも東大生がいずれ博士や大臣になる見込みがあるから若い女性たちが群がってくるのであり、その可能性が薄れた今ではみんなそっぽを向いてしまうという発想そのものが、いかにも女性は浅薄で打算的であると言わぬばかりで蔑視的です。

さらに「東大と同様にダサイ某女子大学の卒業生程度」に至っては、いくら東大出という肩書がもはや世間で通用しないことを言いたいためのシニカルな表現であったとしても、単なるユーモアでは済まされない無神経な暴言と言わざるをえないでしょう。「ナウイ」とか「ダサイ」といった当時の若者言葉をことさら使ってみせているところも、かえって迎合的で「イタイ」感じがしてしまいます。

しかし何よりも問題だと思うのは、こうした一連の言葉遣いから、東大生といえば「男」のことであるという、拭いがたい先入観が透けて見えることです。この年の卒業生総数は三、〇二六名でしたが、女性はそのうち二二二名、比率でいえばまだ七・三％にすぎないものの、それでも昔に比べればかなりの数に達していました。[42] しかし森総長の文章に出てくるのはもっぱら男子学生の立場から見た結婚のことばかりで、女子学生の存在はほとんど眼中になかったように思われます。

これまでの歴代総長の式辞の中にも、今日であれば危ないと思われる箇所はいくつかありましたし、折に触れて指摘もしてきました。だから森総長の言葉もけっして例外というわけではないのですが、彼が就任した直後の一九八五年五月には男女雇用機会均等法が制定されたのですから、その二年後になってもなおこうした文章が、それも東京大学総長という立場にある人間によって書かれてしまったことには、やはり率直な驚きと落胆の念を禁じ得ません。

最初の女子入学生一九名を前にして、南原繁総長が「喜びに堪へない」「画期的事件」と語ったのは一九四六年五月一日の入学式でしたが、あれから四十年以上の時を経て、当時の十倍以上の女子学生が卒業していく機会に、この「贈る言葉」を目にした卒業生たち（女性だけでなく男性も）はいったいどんな感想を抱いたのでしょうか。いずれにせよ、これは森亘という個人が無意識のうちに抱いていたジェンダー観の表れであると同時に、その背後にある社会的価値観がまだ成熟するには程遠い状態であったことを物語っているような気がします。

しかし先の引用箇所は森総長の言葉の中ではあくまで例外であって、それ以外はごく真っ当なことが述べられていることは付言しておくべきでしょう。公正を期するために、その一例を挙げておきます。

私個人としては、一般的に申すならば、諸君には、大学で学ぶことによって、単に知識の豊富な世渡り上手になるのではなく、たとい地味であっても、先程も申しましたように、豊かな人類文化の積極的な担い手になって頂きたいと願うものであります。そして、豊かな人類文化の担い手であるためには、その根底に、言葉の最も深い意味における良識が必要であると考えます。端的に申して、私は、東京大学の学生、卒業生には、何よりも良識のある人、良識人になって頂きたいのであります。（一九八八年四月十二日入学式）

すべての式辞を通読してみれば、この「言葉の最も深い意味における良識が必要である」という一句が森総長の本心から出た言葉であることはじゅうぶん納得できますが、良識人たれと説く当の本人が良識を欠いた言葉を口にしてしまうこともあるというのは、皮肉な教訓かもしれません。

増加する外国人留学生

一九八九年（昭和六十四年）一月七日に昭和天皇が崩御し、時代は平成に移りました。元号が変わって最初の総長が、物理学者の有馬朗人《あきと》（在任一九八九－九三）です。

有馬総長の誕生をめぐっては、よく知られたエピソードがあります。

森総長の後任を選出する選挙は一九八九年二月十八日におこなわれたのですが、その決選投票で、理学部の有馬教授と教養学部の本間長世《ながよ》教授がともに五八六票、まったくの同数で並ぶという冗談のような結果になったのです。五名の候補者を対象とした三回目の投票まではずっと有馬候補がトップでしたが、候補者を二名に絞った最終投票で本間候補に予想外の票が流れ、前代未聞の珍事が起きたのでした。

私は一九八七年四月に教養学部に赴任しましたので、これが最初に経験した総長選挙でしたが、自学部の教授が最終候補だっただけに、会場が異様な興奮に包まれていたのを鮮明に覚えています。

総長選考については、新制大学発足後の一九四九年十一月に評議会で定められた「東京大学総長選考内規」というものがあり、そこでは最終投票において「得票同数のときは、くじで定める」と記されていました。この規定に従って実際にくじ引きがおこなわれ、有馬朗人教授が第二十四代総長に就任したわけですが、内規を作った当時のメンバーも、まさか本当にこれが適用される日が来ようとは想像していなかったことでしょう。

有馬総長の就任した一九八九年には、六月に中国で天安門事件が起こる一方、十一月にはベルリンの壁が崩壊してルーマニアやチェコスロバキアにも民主化革命が波及するなど、海外では世界情勢に大きな影響を及ぼす大事件が相次いで起こりました。そして一九八九年十二月には、地中海のマルタ島でアメリカのブッシュ大統領（父）とソビエト連邦のゴルバチョフ共産党書記長が会談、冷戦の終結を宣言し、第二次世界大戦後四十四年間続いた東西対立の構造にようやく終止符が打たれました。一九九〇年三月に書かれた「贈る言葉」には、こうした事態を踏まえた文章が見られます。

昨年の北京の不幸な事件を始め、ベルリンの壁の崩壊、東欧社会の急変と、予想もつかないような事件が次々に起こっています。このような変動の時に際して、人類は一〇年、二〇年という時間の幅では誤りをおかすことがあっても、四〇年、五〇年という幅では正しい方向へ振子を戻すものだと、私は痛感します。過去における最大の誤りの一つに、ナチスドイツによる人種差別と、それに基づく虐殺があることには、誰も反論がないと思います。

観念的には人種差別はよくないと誰でも同意するのですが、日常の具体的行動において我々はつい人種的な偏見を持つことがあります。日本に大勢の留学生や一般の外国人が滞在するようになった今日、私は日本人が大国意識を持ち、尊大になることを恐れています。［……］卒業生諸君は実社会で、今後ますます多くの外国人と交流する機会があるでしょう。日本人である誇りを持つことは良いと思いますが、決して尊大にならないで下さい。そして外国人を決して差別しないようにして下さい。東西の壁がなくなりつつある今日、ますます国際的な交流を盛んにして、人類が共存共栄する道を探る必要があります。

これ以外の式辞でも、有馬総長は一貫して外国人差別をしないように訴え続けています。今日から見ればあたりまえのことのように思えるかもしれませんが、当時はちょうど外国人の留学生や研究者が急速に増え始めていた頃だったので、ことさらこうしたメッセージを発する必要があったのでしょう。有馬総長は同じ文章で、自分自身がアメリカでいっさい差別的な扱いを受けなかったことに感謝していると語っていますが、こうした個人的な経験も背景にあったように思われます。

一九八〇年代の前半、東京大学の外国人留学生数はずっと数百人のオーダーにとどまっていて、初めて一、〇〇〇人の大台に乗ったのはようやく森亘総長時代の一九八七年でした（一、〇九七人）。

しかしそれからわずか二年後、一九八九年四月十二日の入学式で有馬総長が紹介している数字は「学部には五〇人、大学院には一、三〇〇人、合わせて一、三五〇人」（正確には一、三八六人）でしたから、この時期に増加のペースが目立って上がっていることがわかるでしょう。

有馬総長の式辞を読むと、入学式でも卒業式でも、必ずと言っていいほど外国人留学生への語りかけが含まれていることに気付きます。これは森亘総長までは見られなかった明らかな特徴で、彼が国際化の進展を明確に意識していたことがうかがえます。

倫理性と論理性

一九九〇年（平成二年）の入学式式辞では、新入生に東京大学でぜひ学んでほしいと思うこととして、倫理性と論理性という二つの項目が挙げられています。

まず前者について――

最近の地価高騰や様々の政治社会情勢に於て、利潤のみを追求する傾向が日本の社会に強いことを私は苦々しく思っています。人間は決してパンのみによって生きるものではありません。倫理などと言うと青くさいそして古くさい議論だと思う人々が多いでしょうが、現代はまさにそういう時代だからこそ、私はあえて諸君に倫理性を身につけて欲しいと言っているのです。清新な感性と柔軟な思考力を持つ諸君は、人生の意義や理想そして生き方について真剣に考えることができるはずです。そのような諸君ですから、倫理こそは、あらゆるものを獲得したときでも、あらゆるものを失ったときでも確然と存在する人生の尺度であり、高い倫理性を伴う人生を送ることこそ人間の最大の目的であることを理解できるはずです。

一九八〇年代の末期、日本経済は前例を見ない好況に沸いていました。俗に言う「バブル景気」です。この式辞が述べられたのはまさにその真っただ中でしたから、総長の口から「最近の地価高騰」とか「利潤のみを追求する傾向」といった言葉が出てくることには、それなりの必然性があったわけです。

確かにこの時期の日本は、一種の狂躁状態にありました。銀座のクラブやバーには毎晩のように社用族が訪れて高級なシャンペンを開け、道路には送迎用のリムジンやら外車やらが所せましと並んでいる。六本木のディスコには若者たちが繰り出して、明け方まで踊り明かす。あいにく私自身にはまったく無縁の世界でしたが、テレビにはそうした風景が日常的に映し出されていました。

当然ながら就職に関しても完全な売り手市場で、特に都市部の有名大学の学生は格別に努力しなくても容易に一流企業に職を得ることができましたから、学生たちのメンタリティに鼻持ちならない驕《おご》りが生まれないほうが不思議なくらいです。そうした時代背景を踏まえてみると、「青くさいそして古くさい議論」であることをじゅうぶん承知しながらも、いかなる状況にあっても変わらぬ尺度である倫理観の重要性を訴え、あえて「高い倫理性を伴う人生を送る」ことを新入生に求めたくなる気持ちはよく理解できます。

いっぽう、有馬総長はヨーロッパで一九九二年の市場統一を目指す動きが加速していること、またアジアでも各国間の相互依存性が高まっていることに触れた上で、こうした多極化の時代には「情緒的な対処の仕方では日本は、先進諸国に伍して行くことは出来ません。今こそ、論理的、理性的に判断をする必要があります。この論理的な思考法こそ大学で学ぶべきことです」と述べています。

日本の教育において論理学と修辞学の訓練が不充分であることは、よく知られているところです。我々には寡黙を美徳とする習慣があり、又他人と直接意見を戦わさないようにむしろ努力をします。以心伝心という禅の言葉があります。真理は言葉では表せず、心で伝えるものであると言うのですが、この考え方は、我々の日常生活にも影響を与え、問答において「はい、いいえ」を曖昧にする傾向があります。このことは、狭い国土に大勢の人が住んでいる日本人が生み出した生活の知恵であったとも言えます。このような日本人の性格もあって、論理学と修辞学が重要視されなかったのかと、私は考えています。

論理学と修辞学は、文法学とともに中世ヨーロッパにおける「三学」をなす重要な要素で、これに幾何学、算術、天文学、音楽の「四科」を加えた「自由七科」artes liberales（アルテス・リベラレス）が、今日の「リベラルアーツ」の源流とされています。これらは西欧では自立した教養人が身につけるべき必須の学芸とされていましたが、そうした伝統をもたない日本では、自分の考えをはっきり言葉にして論理的に伝える習慣がなく、なんとなく曖昧なままで相互了解が成り立つことが多いというのは、確かにあちこちでよく言われる話です。

これが客観的な事実と言えるかどうかはさておき、有馬総長は右の引用に続けて、国際化が進む今の時代に「日本人が論理をあいまいにし修辞を忘れて、自分達の主張を通そうとしても、他の国の人々にはなかなか理解してもらえない」ので、「明晰かつ判明な論理」を展開しなければならないと述べています。

「明晰かつ判明」というのはデカルトの『方法序説』に見られる有名な表現で、「明晰」とは精神にとって疑う余地なく明白に認識されていること、「判明」とは明晰であると同時に他からはっきり区別されていることを指しますが、多くは「明晰判明」とセットで用いられ、「明確で紛れようがない」といった意味で用いられます。

さらに有馬総長は、芸術創造におけるデオニュソス的情熱の重要性はじゅうぶん認めながらも、学問においては論理的な態度を重んじるアポロン的理性が不可欠であると説いていますが、これはニーチェが『悲劇の誕生』で提示した二項対立の図式を踏まえたものです。有馬朗人は俳人としても著名でしたが、その式辞にはこのように西欧思想への暗黙の参照が随所にちりばめられていて、教養の幅広さと深さを垣間見ることができます。

戦争と科学技術

一九六八年三月におこなわれるはずだった卒業式が東大紛争の影響で取りやめになり、その後もしばらく中止を余儀なくされていたことは前に触れましたが、一九九一年（平成三年）三月二十八日にはようやく改修工事が終了した安田講堂で、二十四年ぶりの式典が挙行されました。このとき読まれた式辞の中で、有馬総長は前年（一九九〇年）八月のイラクによるクウェート侵攻に始まった湾岸戦争の話題に触れながら、科学技術が担うべき社会的役割について語っています。

「この戦争そのものについてここでその是非を論じようとは思いません」、と断った上での一節――

しかし一自然科学者として、航空機やミサイル、戦車等々と、戦争技術が格段の進歩をしたことを大変残念に思います。原子爆弾こそ使われませんでしたが、見方によってはそれを上まわるとも思われる強力な殺戮力を持つ武器を双方が用いて戦火を交えました。アインシュタインを始めとした科学者や技術者の、平和への願いは、第二次世界大戦後の四五年間に幾度か無惨にも踏みにじられてまいりました。

世界には高度技術を必要とすることがらが沢山あります。例えば環境問題への応用や、身体障害者や高年齢者のための支援機器類こそ、早急に開発すべきものです。世界の人々は今や武器の高度技術化を計る代りに、人類の福祉の為にこそ、科学や技術を発展させるべきだと思います。

まさに正論そのものですが、二十一世紀になってもなお高度なテクノロジーが軍事に利用され続けている現実を前にして読んでみると、この式辞が三十年以上も前に語られたものであるとはとても思えません。有馬総長の言葉がそれだけ先見性と普遍性をもっていたというべきなのでしょうか、あるいは、これがあたかも現在の国際情勢にたいするメッセージであるかのように感じられるほど、この三十年間は世界が少しも進歩していなかったというべきなのでしょうか。

よく知られたことですが、ここで名前の挙がっているアインシュタインは、第一次世界大戦に際しては平和主義の立場を表明していたものの、第二次世界大戦に際しては移住先であったアメリカのフランクリン・ルーズヴェルト大統領にたいしてウラン開発の促進を提言する手紙に署名し、実質的には核兵器開発に加担する結果になりました。

しかしその後、広島への原爆投下が現実化してしまったことに激しい衝撃を受けた彼は、自分の行動を深く反省し、一貫して反核・反戦の立場を貫くことになります。死の直前の一九五五年四月には、哲学者のバートランド・ラッセルとともに核兵器の廃絶と科学技術の平和利用を訴える「ラッセル＝アインシュタイン宣言」に署名しましたが、この宣言は彼が亡くなった後の同年七月に公表され、その精神はやがて、世界平和を共通理念とする科学者の国際的な集まりであるパグウォッシュ会議へと受け継がれていきます[43]。

物理学者としての有馬朗人が、こうしたアインシュタインの誠実な生き方に深い感銘と共感を覚えていたことは疑いありません。二十一世紀に入って科学技術の進歩はますます加速していますが、国際関係の緊張度が増すにつれて、軍事利用の危険性も高まる一方です。最先端のテクノロジーが、生活環境の改善や医療技術の向上のためにではなく、逆にまったく無意味な破壊と殺戮のために濫用されてしまう無残な光景を目にしてしまった私たちは、同じ過ちを懲りもせずに繰り返す人間の救いがたい愚かさを前にして思わず嘆息したくもなるのですが、それだけに、純粋素朴な理想主義に彩られた有馬総長の言葉をもう一度嚙みしめてみる必要があるのかもしれません。

深刻化する環境問題

一九八九年のベルリンの壁の崩壊に続いて、一九九一年はソビエト連邦の解体という予想外のできごとが起こったことで記憶される年でした。わずか二年のあいだにこれほど大きな事件が相次いで起ころうとは、誰が予期したことでしょうか。一九九二年（平成四年）三月二十六日の卒業式で、有馬総長は「最近の世界情勢の変化は恐ろしいものです。あれ程強力な大国であったソ連邦が一瞬のうちに解体してしまいました」と語っていますが、彼はまさに、任期中の四年間に世界の枠組みの根源的転換を象徴する二つの歴史的事件に遭遇した総長だったわけです。

教育現場に目を移してみれば、一九九一年の七月にはいわゆる「大学設置基準の大綱化」が施行され、カリキュラム構成や学部名称に関する規制が大幅に緩和されたため、全国の大学では雪崩を打ったように教養部が廃止されるという大きな変化がありました。東京大学には一・二年生の前期課程に加えて、三・四年生の後期課程を擁する「教養学部」があるため、基本的にこの体制を維持することで大幅な改組はまぬがれましたが、それでも教育内容そのものの根本的な見直しは避けがたく、毎日のように侃々諤々の議論が行われていたことを思い出します。

一方、この頃から高まってきたのが、深刻度を増していく地球環境問題でした。一九九三年（平成五年）三月二十八日の卒業式式辞から引いてみましょう。

酸性雨、炭酸ガスの増加による地球の温暖化、オゾン層の破壊による紫外線の増量の恐れ、等々挙げていけばきりが無い程人類にとっての大問題があります。このような状況が生み出された原因には、現代科学技術の急速な発展があります。そこでしばしば科学技術が非難の対象になり、その進展を手放しで喜べないという声が上がるわけです。しかし私は、地球環境の保全、破壊の修復のためには、自然科学の発展にともなう技術と、人文・社会科学の思考と方策とが、相互に協力し補完しあって更に発展していくことが、現在最も大切であると思います。特に科学技術の利用を健全なものにしていくために、人文科学ならびに社会科学の協力が不可欠であります。一時的な利益を追求するのではなく、長期的な人類の福祉の継続を目的とするために、人文、社会、自然すべての分野の学問が協力して研究を進めていかなければなりません。

この式辞が述べられた前の年、一九九二年六月にはブラジルのリオデジャネイロで大規模な「地球サミット」（環境と開発に関する国際連合会議）が開催され、環境問題が世界共通の課題として広く認識される契機となりました。

その後、二〇一五年の国連サミットでSDGsが採択されるに至るまでの経緯については、膨大な資料がありますのでそちらを参照していただくとして、ここでは有馬総長の式辞がこうした流れを踏まえながら、「人文、社会、自然すべての分野の学問」の連携の必要性を強調していることに注意しておきたいと思います。

ここで思い出されるのは、南原繁総長が新制大学として最初の入学式となる一九四九年七月七日の式典で述べた、「重要なことは、自然・人文・社会を含めて、互に補ひ協力し、人間と世界についての諸々の価値や全体の理念を把握することである」（第3章参照）という言葉です。二人の総長の言葉がこれだけ似通っているのはもちろん偶然でしょうが、気候変動という、すぐれて今日的な課題が浮上してきたことをきっかけとして、有馬総長は南原総長が四十年以上前に提示していた命題を、自分の言葉で反復しているようにも見えます。

科学技術の進歩が私たちの生活を便利にしたり豊かにしたりすることは疑う余地がないけれども、その反面、一歩間違えば人間を殺傷する武器や爆弾の製造に利用されたり、自然環境を修復不可能なまでに毀損してしまったりする負の側面ももっている――これは誰もが容易に理解できる宿命的な両義性であって、いわば「文明」というものに必ずつきまとう宿痾《しゅくあ》のようなものかもしれません。しかしだからといってこれをそのまま放置していたのでは、「持続可能な発展」など望むべくもないでしょう。

もちろん人文科学や社会科学の存在意義は、単に科学技術の暴走を抑制するだけの補助的な役割にとどまるものではありません。いわゆる「文系」の諸学問にも、短期的なものであれ、長期的なものであれ、それぞれに担うべき役割があり、果たすべき社会的使命があります。

近年はますます実利的志向が強まり、すぐに役立たない研究は（特に私自身の専門である文学研究などは）しばしば肩身の狭い思いをせざるをえないのですが、そうした分野はまさに有馬総長の言う通り「一時的な利益を追求するのではなく、長期的な人類の福祉の継続を目的とするために」存在するのであって、その限りにおいて「科学技術の利用を健全なものにしていくために、人文科学ならびに社会科学の協力が不可欠である」という言葉はじゅうぶんに頷けるものであると思います。

第8章　未来へ伝達すべきもの（一九九三－二〇〇一）

現代の「邪悪なるもの」

有馬朗人の後を継いで第二十五代総長に就任した吉川弘之（在任一九九三－九七）は、精密工学・一般設計学を専門とする工学者です。『式辞告辞集』には、在任中四年間の入学式・卒業式・大学院の学位記授与式で読まれた式辞、計十二編が収録されていますが、いずれも比較的長文である上に、[44] それぞれが独立した論文としても読める密度の濃い内容で、質的にも量的にもたいへん読み応えがあります。

就任後まもない一九九三年（平成五年）四月十二日の入学式で、吉川総長は学問の出発点に「人類にとっての邪悪で危険な外敵を、知的能力を存分に使って排除する」という目的があったことを述べた上で、「現代は、過去になかった新しい邪悪なるものが発生しつつある」と述べています。具体的には、貧困、人口爆発、環境破壊、新しい病気、民族間紛争、事故の大型化、貿易摩擦などですが、これらには過去の「邪悪なるもの」とは大きく異なる特徴があるといいます。

過去の危険な外敵とは、さまざまな自然災害や疫病などであり、いずれも「可視的あるいは認知可能な、外から人々に攻撃をかけて来るもの」でした。

しかし現代の邪悪なるものは、人間の外に存在するものではなく、人間が努力した結果と深く結びついているという、深刻な特徴を持っているのです。人類が、安全で、豊かで、楽しみの多い世界を作ろうとして行なった努力、それは、無駄な争いを避けるために作られた国境、快適性や安全性向上のために作り出された夥《おびただ》しい量の工業製品、治療のための数々の薬、効率的で損失の少ない社会制度などであり、これらはみな、善意にもとづいて要求され、正しい方法で実現されたものです。そして現実に、それは有効に作動し、人類に安全性や豊かさを成功裡にもたらしたことは、間違いのない事実です。

しかし、過度の人工化がもたらす自然の系への圧迫に原因する地球環境破壊の例を見るまでもなく、これら多くの努力が、人間が予期することさえなかったような形で相互に複雑に関係しながら新しい現象を引きおこし、それらが人間を襲って来るのです。つまり私たちは被害者であると同時に加害者でもあるのです。そしてどうやら、これらの現代の邪悪なるものは、今私たちが手にしている学問体系の中の、単一の学問領域の知識だけでは解決できそうもないのです。

人間が純粋な善意とたゆまぬ努力によって生み出してきた数々の技術や製品や制度が、確実に私たちの生活を便利にしたり向上させたりしてきた一方、予期せぬ「邪悪なもの」となって襲いかかってくる、すなわち私たち自身が「被害者であると同時に加害者でもある」というパラドクサルな状況を指摘した上で、吉川総長はそうした問題が「いくつ学問領域を重ねたら解決できるのか、仲々見当がつかない」ことを認め、「解決のために必要なのは、新しい知識というよりもむしろ新しい体系ではないか」と語りかけます。

現代の諸課題に立ち向かうには複数の学問領域の連携が必要であるというだけなら、すでに見てきたように他の総長式辞でも何度か繰り返されてきたことであり、特に目新しい主張とも言えないでしょう。けれども吉川総長は、そこに安易な解決の希望を見出す姿勢にとどまるのではなく、「現代は、学問体系の再構成という、恐らく人類が経験したことのない新しい課題に向かわなければならない時代なのかもしれない」と、さらに一歩進めた見識を述べています。つまり現代の「邪悪なるもの」に対処するには、さまざまな学問がそれぞれの専門性を保持したままで相互に連携するだけでは不十分であり、各学問分野それ自体が自らの外に出て、他の学問分野とともに新たな体系を創造することが必要である、というのです。これはこれから本格的な学問に取り組もうとする若い学生たちに贈るにふさわしい、大きな射程をもった言葉ではないでしょうか。

じっさい、その後の大学は「学融合」とか「文理融合」というスローガンのもとに、分野の境界を越えた研究教育を推進する方向に舵を切ってきました。もちろん、長い年月を経て構築されてきた学問体系が一朝一夕に組み替えられるはずはありませんし、すでに確立されている知の伝統はあくまでも尊重されるべきですが、それでも昔は存在しなかった領域横断的な研究分野は次々に開拓されていますし、それを教育現場に落とし込んで新しい科目をカリキュラムに取り入れる試みも進んでいます。その意味で、吉川総長の展望は正鵠《せいこく》を射ていたと言うべきでしょう。

独創性をめぐって

歴代総長の多くは、言葉を変えながらもだいたい毎年似たようなメッセージを式辞で繰り返し述べてきました。しかし吉川総長は毎年、必ず新しい話題を扱っています。一九九四年（平成六年）四月十二日の入学式でとりあげられたのは、「独創性」の問題でした。

地域紛争や富の偏在、環境の劣化等々、現在は過去の例に倣っていたのでは解決できない問題が山積しているので、新しい方法を考え出す「独創性」が求められている。しかしながら昨今は「独創的研究に与えられる国際賞の受賞例が日本で少ないのは何故かとか、あれほど好調だった日本の製造業が競争力にかげりが見えるのは独創的製品がないからだ、というような話題がとびかって」いる、そして特に東大生にたいしては「与えられた問題を解く能力は高いのに、混乱した状況の中から問題自体を発見するような独創的能力が不足している」といったことが言われがちである——ここまではしばしば巷で言われることであって、いわば現状の確認です。

総長の主張はその先にあります。

独創性とは、人間にとってもっと本質的なことではないでしょうか。人類が誕生してから現在にいたるまで、人類が常に遭遇し続けた体験は、一見繰り返しのようでありながら、実は常に新しいものであったのではないかと思われます。繰り返しではない初めての状況に対応しながら、思考し、行動し、従ってそれは、常に独創的だったのではないか、ということです。

そして彼は個人の人生に視点を移し、人間が生まれてから成長していく過程とはすべて日々新しい体験の連続なのだから、その意味では生きることそれ自体がすでにして独創的である、すなわち「生きることは、本質的に独創である」と言明するのです。

確かに独創性という概念は、ともすると「何か不可解で、神秘的なもの」のように考えられ、普通とは違った特殊な資質、ある種の「天分」や（大河内総長が推奨していた）「ひらめき」によってもたらされる例外的な事態としてイメージされがちです。しかし考えてみれば、私たちの生は毎日が同じことの繰り返しのように見えても、二度と同じことが起こることはなく、時間的にも空間的にもそのつど更新されているのですから、その意味では瞬間ごとに「独創的」であることを引き受けながら継続しているのだと言ってもいいでしょう。

吉川総長はこのことを、「独創とは人間存在そのもので、日常性の中にも多くあり、しかしながらその段階に止まらず、次第に複雑さを増し、科学者の独創的な法則の設計や、文学・芸術の創作にまで連続的につながっていて、両者の間に様々な独創があり得るのです」と説明しています。とかく対極的なものとしてとらえられがちな科学から芸術までを「普遍的な独創性」という概念で接続してみせるあざやかな論理展開は、新入生たちに新鮮な刺激を与えたのではないでしょうか。

「東大生には個性がない」とか、「東大には秀才は多いがノーベル賞をとるような天才は生まれにくい」といったことはしばしば耳にしますし、過去の総長の中にもそうしたことを式辞で述べている例がありました。しかし独創性は日常の中に日々見出されるものであって、誰もが無意識のうちに経験しているごく普通の事態であるという観点に立ってみれば、これが根拠薄弱な俗説にすぎないことは明らかでしょう。だから吉川総長はこの種の安易な紋切り型にたいするアンチテーゼとして、「今ここで、私は、あなた方は本質的に独創性をもつ存在だと宣言したいと思います」と高らかに宣言してみせるのです。

もちろん、自分が独創的であることを自覚することは、他人もまた自分と同じく独創的であることを認めることでなければなりません。総長は「その違いを歓迎し、必要あれば協力し、そうでなければ容認することで、存在を許し合う自由で寛容な社会を作るべきことは、この自覚の論理的な帰結です」と、この点についても周到に念押ししています。

阪神・淡路大震災

一九九五年（平成七年）一月十七日未明に阪神・淡路地方を襲った大地震は、人々の記憶に深く刻まれる未曽有の災禍でした。その七十日後、三月二十八日に挙行された卒業式の式辞には、当然ながらこの惨事への言及が見られます。

犠牲となった人たちへの哀悼の意と、生活環境の一日も早い復活を願う気持ちが表明された後、式辞はこのように続きます。

震災の一〇日後、神戸の町を歩き、激しく倒壊した家屋を実際に見たその夜、私は何年振りかで鮮明な恐ろしい夢を見ました。それまで、映像などを通じて多過ぎるほどの情報を得ていたと考えていたのでしたが、それは間違いでした。当初の混乱はもはや収まって居たにも拘らず、被災した町を見たとき受けたものは映像から得た情報とは全く別物でした。そしてそのことは、被災した人々の恐怖と無念さを、被災せずに、そしてその後も離れた場所に居る私には感じることがむずかしい、という経験でもあったわけです。

若い読者の中にはまだ生まれていなかった人も少なくないでしょうが、当時、立ち並ぶビル群が無残に崩壊し、高速道路が途中で断裂し、街のあちこちで火の手があがる凄惨な光景を目にした人々は、誰もが命を落とした犠牲者たちに思いを馳せ、被災者たちの先に待ち受けているであろう困難な日々を思って心を痛めたにちがいありません。こうして他者の苛酷な経験を頭の中で思い浮かべ、自分との距離を可能な限り縮める能力のことを、私たちは「想像力」と呼んできました。

しかしそれが災害によるものであれ病気によるものであれ、他人の死はあくまで他人の死であって、自分の死ではありません。たとえ肉親の死であっても、この事実に変わりはないというのが、厳然たる事実です。ましてや他人の被害はあくまで他人の被害であって、自分の被害ではありません。だから仮に純粋な善意から湧き出た心情であったとしても、安易に「被災者の気持ちをわかろうとする」ことは、けっして言葉本来の意味における想像力の表れではないことを、私たちは自覚すべきでしょう。

自分では絶対に経験しえないことをあたかも経験可能であるかのように錯覚して他者に感情移入することは、一種の精神的免罪符を手にすることにつながりかねない危うさを秘めています。むしろ、被災者でない者は被災者の立場を完全に共有することなどできないという事実を冷静に見つめるところから、本当の想像力が作動するのではないでしょうか。

吉川総長は右の引用で、映像などを通して得られた「多過ぎるほどの情報」と、実際に現地に足を運んで「被災した町を見たとき受けたもの」とはまったく別物であったことを告白し、被災者ではない自分には被災者たちの「恐怖と無念さ」を感じることがむずかしいと実感したことを率直に語っていますが、そこで思考を停止してしまうのではなく、この一節の後では「被災した人々と、していないものとの間に横たわる感受性の違い」に思いを致すことから、震災に関するさまざまな課題の検討が可能になるのではないかと述べています。

つまり、被災者と被災者ではない自分との間にはけっして乗り越えることのできない絶対的な距離がある、しかしその距離の存在を意識することによって初めて、これからなすべきことも見えてくるのではないかというわけです。これはテレビで災禍の映像を見ていただけではけっして到達することのできなかった認識でしょう。

総長はさらに、こんなことも語っています。

今回の震災を前にして、私たちは災害の恐ろしさを知っただけでなく、もう一つのことを知りました。それは災害に会った人達の秩序ある協調と自ら立ち上がろうとする強い意志、そしてボランティアや義援金に見られた全国に拡がりを持つ人々の連帯の存在です。〔……〕

このことは平等な権利と責任という、民主主義的な社会において満たされなければならない基本的な条件が、我が国においてすでに、人々の心の中に存在したことの証拠です。そしてその人々の心は、災害を前にして、できるだけ苦しみを共にしようという気持ちとして発現したのだと思われます。このことに私は限りない感銘を覚えます。

ここで言われている「苦しみを共にしようという気持ち」が、単に情緒的なレベルでの共感や同情のことではなく、自分は被災者の立場にはなれない、被災者の気持ちにもなれないという「絶対的な距離の確認」から出発した想像力の発露にほかならないことは、言うまでもありません。そして日本社会に根づいたこの「人々の連帯」は、二〇一一年（平成二十三年）三月十一日の東日本大震災の後にも、またたく間に全国に広がったのでした。

教育と価値観

吉川総長時代の新入生にとって、一九六〇年代後半から七〇年代前半に社会を席巻した学生運動は生まれる前のできごとであり、すでに過去の歴史となっていたにちがいありません。しかしこれをただの記憶として葬り去るべきではないというのが、一九九六年（平成八年）四月十二日の入学式式辞で語られたことでした。

吉川弘之は紛争当時、まだ就任三年目の若手教官のひとりでしたが、一学部に発生した問題がまたたく間に全学部へと広がっていくのをまのあたりにして、そのエネルギーの巨大さに圧倒された経験を語っています。そしてそのエネルギーが、やがて単なる大学の制度にたいする異議申し立てを超えて、教育の本質の問題へ向かっていったことを指摘します。

紛争の拡がりとともに、その課題は制度や管理運営の具体的な内容を出て、教育の本質へと向かって行きました。それは教えるとは何なのか、という疑問であり、教えるもの、すなわち教官が、一方的に教えることの内容や方法を決めてしまうことへの疑問であったと言うことができます。しかし、決めてしまった内容や方法そのものへの反論でなく、決めるというそのことへの異議申立であったことが特徴です。教育の内容や手法への反論なら、それを修正することで解決の道が拓けたと思われます。しかし教官が決める、というそのことへの異議申立であると言うことは、教育がその素材を専門家の側に置き、手法についても理論と経験とが教育者の専門知識としてある以上、その申立に応えることは教官にとって理解を超えており、当時の教官の困惑は極めて大きかったと言うことが理解されます。

これは今の学生たちにとっては意外なことかもしれません。小学校以来、中学校でも高等学校でも、先生が生徒に教えるべき内容や方法を決めるのはあたりまえのことであり、それは大学に進学しても基本的に変わることがないというのが、通常の感覚だと思われるからです。

しかし一九六〇年代後半から七〇年代初頭にかけてかつてない高まりを見せた大学紛争は、誰もが自明のこととして受け入れていたこの図式そのものに疑問符を突きつけたのでした。そして総長も右の引用箇所の少し後で触れているように、これは日本だけの話ではなく、フランスの五月危機を始めとして、多くの国でほとんど同時多発的に起こった事態だったのです。

そもそも「教授」という肩書は文字通り「教え授ける者」という意味ですから、「学ぶ者」である学生との間には知識や経験において圧倒的な落差があることが前提となっています。だからこそ、あたかも水位の高いところから低いところに水が流れていくように、教授が所有している豊富な知識や経験をまだじゅうぶんな知識や経験を有しない学生たちの頭に流し込むことが「教育」である、という観念が長いあいだ信じられてきたのでしょう。

もちろん、自分よりも無知な教授に教わりたいと思う学生などいないでしょうから、教育にそうした機能があること自体は否定できません。吉川総長も、「教育は、永い過去を通じて現在までに、人類が獲得し、考察し、そして検証を経て認知された知識とその使用法の体系を、現在の世代が未来の世代に伝達する作業である」ことを認めています。しかしその後ですぐに、あくまでも「伝達すべきものは知識とその使用法の体系であって、価値観ではない」と述べられていることに注意しなければなりません。

一人一人の教官は、紛争の当時も、そして今も、自らの価値観を学生に押しつけようと意図したことはないし、仮にある価値観の正当性を自らの信念に従って主張したとしても、学生がそれを受け入れるかどうかについての自由は完全に保証されていたと考えられます。

従って問題があるとすれば、このような一人一人の教官の意図とは別に、教育の体制が自然に価値観の強制を生み出していることの可能性です。制度上は強制は存在しません。法律家として、あるいは法学を専門とする仕事がしたいという意図にもとづいて法学部へ、従って文科一類に入学するのであり、また物理学者になりたい人や、技術者になりたい人は理科に入学し、そして各学科へ進学することになるのでしょう。そこには何らの強制はなく、学生の自由な選択があります。

しかし、より詳細に教育の実態を見ると、そこにはむずかしい問題が含まれていることに気付きます。簡単な表現を許して頂くとして、こうなりましょう。それは知識とその使用法に関する体系を伝達する過程の中に、価値観がしのび込んでいる、ということです。

この最後の一文には、紛争当時の学生たちがなぜあれほどにも息苦しい抑圧感・閉塞感を覚えていたのか、なぜあれほどにも過激な形で異議申し立てを行わずにいられなかったのかについての、明快な解釈が集約されています。

問題なのは個々の教員の価値観ではないし、その価値観を押しつけようとする権威主義的な振舞いでもない。学生はそんなものに抑圧されて自由を失ってしまうほどやわではない。彼らが問いに付したかったのは、大学の中で長いあいだ醸成されてきた、目に見えない巨大な「権力構造」なのであり、それを無意識のうちに再生産し強制してきた「教育」という概念そのものなのである——「従って大学紛争とは、教育制度、教育の内容や方法、また教育環境そのものへの不満や、イデオロギーの対立、あるいは産学共同への反対などを課題としつつ、しかしより根源的には、価値自由な学問の伝承という本来の教育への回帰を目標としていた」と、吉川総長は結論づけています。

二十一世紀に入って二十年以上が過ぎた今、大学でも教授が学生に一方的に知識を与える講義形式の授業が見直され、学生主体の討論型授業、いわゆる「アクティブ・ラーニング」が大幅に取り入れられるようになってきました。これは教授の言うことを受け身で頭に詰め込むのではなく、他の学生たちとの対話を通じてものの考え方それ自体を涵養する手法であるという意味で、基本的にはたいへん有意義な試みであると思います。

しかしこの授業方法自体にも何らかの「価値観がしのび込んでいる」可能性はないかということは、一度考えてみる必要があるでしょう。というのも、アクティブ・ラーニングという手法は定義からして「アクティブ」であることを良しとする理念に基づいているので、積極的に発言すること、主体的に活動することのみが高く評価され、人前で発言することの苦手な学生、自分から行動を起こすことのできない学生は、おのずと否定的に評価されてしまう結果になるからです。これはまさに、暗黙のうちに特定の価値観を押しつけることにほかなりません。

このように、教育と価値観との関係は一筋縄ではいかない側面をはらんでいるのであり、その意味で吉川総長の問題提起は、これからの教育を考える上でも重要な観点を含んでいると思います。

真に祝福されるべきもの

さて、歴代総長の式辞を読む作業もそろそろ終わりに近づきました。『式辞告辞集』の掉尾を飾るのは、第二十六代総長の蓮實重彥（在任一九九七－二〇〇一）が述べた一九九七年（平成九年）四月十一日の入学式式辞です。

世界的なフローベール学者であり、著名な映画評論家・文芸評論家でもある蓮實重彥は、教養学部長経験者としては矢内原忠雄に続いて二人目の総長ですが、矢内原はもと経済学部の教授でしたから、教養学部教授としては最初の総長ということになります。『式辞告辞集』は蓮實総長の任期開始から半年後に刊行されたので、収録されているのはこの一編のみですが、全文は一八ページに及び、一回分の式辞としては全巻を通じて最長の分量です。当日の読み上げには四十七分かかり、出席者の中には（もちろん着席して聞いていたにもかかわらず）途中で気分が悪くなって退場した者が続出したというエピソードもある「伝説の式辞」ですが[45]、それは長文であったこともさることながら、この種の儀式で通常語られる式辞とはおよそ異質な語り口で、新入生にとってはおそらくそれまで聞いたことのない、そしてすぐには理解できないようなことがらが語られたことによるものでしょう。
出だしは次の通りです。

新入生の皆さん。あなたがたは、あなたがたの一人ひとりに恵まれている若さを一時的にゆだねるアカデミックな環境として、東京大学を選択されました。東京大学もまた、その若さの維持に貢献してくれるだろう新たな人材として、あなたがたを選択いたしました。あなたがたの期待あふれる選択と私たちの慎重な選択とが、いまここに出会おうとしております。この晴れがましい舞台で祝福されようとしているのは、この出会いが約束してくれる東京大学の未来にほかなりません。この場をみたしているすべての人は、いま出会いつつあるこの二つの選択の決定的な正しさを確かめる権利を手にしているはずです。私も、ゆっくり時間をかけてそれを行使させていただくつもりです。新入生の皆さんも、その権利を存分に行使する積極的な主体として東京大学と接していただきたい。

何ひとつ、むずかしいことは語られていません。むしろ、難解なことで知られる蓮實重彥の文章としては、明快すぎるほど明快と言っていい語り出しです。しかし歴代総長の式辞を思い出してみると、なんとなくこれまでとは違う印象を受けます。

そう、入学式にせよ卒業式にせよ、基本的には学生たちを祝福する場として設けられるものですから、これまでの総長たちは（いくつかの例外はあるにせよ）必ず出席者に向かって「おめでとう」という言葉を口にしていました。ところが蓮實総長の口からは、けっしてこの言葉は出てきません。というのも、右の引用の直後で述べられている通り、「いま始まろうとしている儀式」は「たんなる歓迎の儀式ではない」からです。

このあたりですでに戸惑いを覚えた新入生もいたであろうことは、想像に難くありません。自分が今身を置いているのは、難関を突破してみごと東京大学に合格した自分たちを祝ってくれる場ではなかったのか。それなのにどうしてこの総長は素直に「おめでとう」という言葉を口にせず、あれこれ回りくどいことばかり言っているのか――。しかしここまでに流れた時間はほんの一分、彼らの試練（？）はまだまだ続きます。

「真の意味で祝福さるべきは、結果ではなく、過程として生きられた体験でなければならない」と述べた後、蓮實総長は次のようにその意味を説明します。

過程とは、ある過渡的な状態がまぎれもない現実へ移行する瞬間に生成される意義深い持続にほかなりません。それは、そのつど現在として生きられる一瞬ごとの体験であります。また、あなたがたの存在の豊かさを支えてくれるのは、すでに過去に起こってしまったことの累積ではなく、過程を生きるという現在の体験の強度であり、その拡がりであり、厚みであり、深さなのです。その意味で、すでに過去のものとなり始めている入学試験の合格という事実を、どうかこの場で忘れていただきたい。それが多くの祝福を受けとめたものである以上、そうすることは不条理だと思われましょうが、この式典は、あなたがたを過去から解放する儀式としても設定されているわけであります。

結果ではなく過程が大事だ、という命題自体は特に目新しいものではありませんが、その場にいた新入生たちはおそらく、このように濃密な言葉で語られた「過程」の定義にはそれまで出会ったことがなかったにちがいありません。ましてや文字として書かれたテクストを読むのではなく、それこそ「そのつど現在として生きられる一瞬ごとの体験」として総長の声を耳から聞いていただけの者に、その趣旨が即座に理解できたとも思えません。

しかしこの違和感に満ちたわからなさの経験それ自体が、まさに「現在の体験の強度」として、すなわち新入生たちを「入学試験の合格」という過去から解放する過程として生きられたのだとすれば、この式辞の意図はじゅうぶん達成されたとすべきでしょう。

歴史の転換点

この式辞が述べられた一九九七年は、東京大学の創立一二〇周年にあたる年でした。蓮實総長はこの機会に、次のように東京大学の歴史を振り返っています。

> 東京大学が生きた一二〇年は、そのまま近代日本の歴史とかさなりあっており、そこにくりひろげられたさまざまなできごとは多くの矛盾を露呈させ、ときに混濁した構図におさまりかねません。そうしたできごとが、自画自賛に値するものばかりでないことは誰もが知っております。近代の日本がそうであったように、東京大学

もまた、激動の時代にありがちな社会的な葛藤から完全に自由ではなく、少なからぬあやまちをおかしておりますし、できれば記憶から遠ざけておきたいと思うこともないではありません。だからといって、過去の錯誤をひたすら恥じてみせるのは愚かなことですが、そうした事実がこの一二〇年間にまぎれもなく起こっていたことは、率直に認めざるをえないでしょう。

確かに私たちは、大学の創立以来、特に第二次世界大戦前・戦中の東大総長たちが、しばしば天皇礼賛・国威発揚の言説を式辞で語り、結果的に学生たちを戦地に送ることに多かれ少なかれ加担してきたという事実を見てきました。

時代背景を勘案すれば、これもやむをえない成り行きであったことは当然で、蓮實総長も「一九一三年に今の私と同じ立場にあった方」(山川健次郎)が「一旦志を決して帝国大学に入学した上は身を国家に献じる覚悟がなければならん」[46]と語った例を引きながら、「いまでは異様なものに響くその言葉も、官立大学の役割をめぐる当時の公式の見解を必ずしも逸脱したわけではありません」とコメントしています。そしてそうした国家主義的な大学観の象徴として、「一九四二年の卒業式では、軍服姿で参列した当時の首相の演説に全員が耳を傾けるといった事態すら起きていた」ことにも触れています。[47]

その一方で、大正デモクラシーの時代から自由な学風が培われ、昭和の戦時下においても教授会自治の慣行が維持されてきたこと、そしてその伝統が戦後の新制東京大学の教育理念に活かされていることは事実であり、蓮實総長もその意義を否定してはいません。けれども彼は、こうして「明治以降の日本近代の歴史を戦前と戦後にわけ、後者の前者に対する勝利といった視点から語ることがはたして有効か」という疑問を呈しています。こうした時代区分にはある種の抽象性を感じとらずにはいられない、そしてそれは、総長自身が若い教師として経験した一九六八年から六九年にかけての大学紛争に直面して初めて、「いままさに戦前の日本が終わろうとしていると実感できた」からであるというのです。

吉川総長もそうでしたが、その当時教職に就いたばかりの若手教員であった蓮實総長にとっても、あの紛争がきわめて大きな節目であったことがわかります。敗戦という歴史上の転換点でいったい何が変わり、何が変わらなかったのか、そして大学紛争というもうひとつの転換点では何が変わり、何が変わらなかったのか――これは歴史の転換点をどこに見定めるべきかという本質的な問いであり、今後もなお検証を要するものでしょう。
最後にもう一箇所だけ、新入生を大いに戸惑わせたにちがいない一節を引いておきましょう。日本は明治以来、西欧に追いつき追い越すことを目標として必死に模倣に励んできた、しかし百数十年をかけて西欧に追いついた今、これからは模倣ではなく独創の時代である――いかにも多くの人たちが納得しそうなこの主張を、蓮實総長は次のように容赦なく切って捨てます。

だが、こうした現状認識は間違っています。愚かきわまりないものであると言えると思います。まず、その主張には、独創性が徹底して欠けているという点で愚かです。というのも、もはや模倣の時代ではないといった耳当たりのよい言説は、すでに大正期からいやというほど口にされていたものだからです。また、独創的であれという誘いに対するもっとも独創的な答えが、まさに独創性の放棄にほかならないという論理的な自家撞着にいたって無自覚だという点でも、それは愚かな考え方です。だが、それにもまして、こうした主張のほとんどが、いま終わろうとしている二〇世紀に対する好奇心をみごとなまでに欠落させており、それを現在の瞬間に顕在化させようとする意志をいささかもいだいていない論者の口からもれてくるという点で、決定的に間違っているのです。

「独創性」については吉川総長も話題にしていましたが、すべての人間は日々の営みにおいて本質的に独創的である、というのがその主張の骨子でした。これにたいして蓮實総長は、右の引用の直後で「二〇世紀が、というより近代という時代そのものが、本質的に模倣の時代である」と喝破《かっぱ》しているのですから、二人の話は真っ向から矛盾するように見えるかもしれません。しかしながら（ここで詳述する余裕はありませんが）両者の言っていることはいわばコインの表と裏のようなもので、じつはほとんど同じことなのではないかという気がします。

それはそれとして、ようやく受験勉強から解放されたばかりの（ただし「過去」からはまだ解放されていない）新入生たちの中に、蓮實総長のこうした言葉をその場ですぐに咀嚼できた者は、おそらくほとんどいなかったことでしょう。けれども彼らが十年後、あるいは二十年後にこの文章を読み返してみれば、ああそういうことだったのかと、腑に落ちる点が少なくないのではないでしょうか。

二十世紀最後の東大総長であった蓮實重彦が、最初の入学式で語った明快でありながら難解な、しかし難解でありながら明快な式辞は、これから二十一世紀を生きるであろうそれら新入生たちの「現在」に差し向けられたものであると同時に、彼らの十年後、あるいは二十年後の「未来」に向けて語られた言葉でもあったのだと、私は思います。[48]

補章　いま君たちはどう生きるか（来賓の祝辞から）

独創力と人間力（安藤忠雄）

二十一世紀になってからの東京大学総長職は、佐々木毅（在任二〇〇一－〇五）、小宮山宏（在任二〇〇五－〇九）、濱田純一（在任二〇〇九－一五）、五神真（在任二〇一五－二一）と受け継がれ、二〇二一年四月一日からは藤井輝夫総長になって現在に至ります。この間にももちろん多くの式辞が述べられてきましたが、まだ『式辞告辞集』という形ではまとめられていませんので、本書では扱いません。

その代わり、近年は学部入学式における来賓の祝辞が話題を呼ぶことが多いので、最後にその中から三つばかりとりあげてみたいと思います。[49]

ひとつめは、二〇〇八年（平成二十年）四月十一日の入学式で、安藤忠雄特別栄誉教授が述べた祝辞です。彼はよく知られている通り異色の経歴をもつ建築家で、いわゆるアカデミズムの中でキャリアを形成してきた人ではありません。

建築との出会いは次のようなものでした。

私は皆さん方のように幸福にすばらしい学校に入れたわけではありません。私は大阪の下町で生まれ育ちました。祖母と二人で暮らしていて、経済的には厳しい状態でした。「何とかして生きていかなくてはならない」と思っている時、建築に出会いました。ちょうど、私の家が長屋の平屋だったものを、二階だてにする工事を隣の大工さんがやっていて、それを手伝ったということなのですが。屋根を取ると大きな空が見え、増築すると部屋が広がっていくのを見て単純に感動しました。この感動が私を建築に目覚めさせたと思います。

その後、工業高校の機械科に入学した安藤忠雄は、祖母を養うためにボクシングの四回戦ボーイになりますが、後に世界チャンピオンになるファイティング原田の練習風景を見て自分の限界を悟り、まもなく引退して独学で建築を猛勉強します。そして大阪の小さな設計事務所から始め、紆余曲折を経た末に押しも押されもせぬ世界的な建築家になったわけですが、そんな彼の人間的成長に大きく与ったのは、若き日の単独旅行経験でした。「横浜からナホトカ、ハバロフスクからシベリア鉄道で一週間をかけフィンランドに到着し、四か月ほどヨーロッパを周り」、マルセイユからモロッコに渡ってケープタウンへ、さらにマダガスカル島からインド洋へ――。南北アメリカこそ入っていませんが、地球を北から南まで、東から西まで駆け巡る文字通りの大旅行です。

そんな経験をくぐりぬけてきた安藤忠雄の目に、新入生の二倍に及ぶ六、〇〇〇人もの家族出席者が日本武道館を埋め尽くしている光景が異様なものに映ったのは当然でしょう。本人の言によると、祝辞を述べる前に保護者席に向かって、「二階席に座っている皆さんは、本日は会場から出ていってください。今日は非常に大切な日です。親が子供を断ち切り、子供が親を断ち切って、自立した個人というものをつくるスタートの日なのです。そんな重要な日に、親がそばにいては邪魔になります」と宣言したので、会場は一瞬静まり返ったということです。[50] 晴れがましい場でいきなり予想もしなかった言葉を浴びせられて、出席していた親たちはさぞ驚いたことでしょう。

祝辞では次のようなことが述べられました。

　まずは、自立した一個の個人となるためには、一日も早く独り立ちしてほしいと思います。ここにいる三千人強の学生たちは、今日、幸福な形で入学したのですが、この式に立ち会われている六千人を超える家族の方々、この日は巣立ちの日だと思って、親子関係をしっかり考えてもらうほうがいいと私は思います。〝親は子を切り離し、子は親を切り離せ。〟極端なようですが、子供が大学生にもなったら、子は親を離れ、親は子離れすることが必要です。自立した個人を作るためには親は子を切ってほしい、本当の親子関係をつくるなかで、個人の自立があると考えます。個人の自立なくして、「独創力」や常識を疑う力はなかなか生まれないのではないでしょうか。

マスコミはこの部分を大きくとりあげて報道し、一時は「入学式に親が出るのは過保護か否か」という論争まで起こりましたが、あれから十数年たった今でもこの慣習は続いているようですから、安藤忠雄の要望が実現する日はまだ遠いのかもしれません。

しかしながら、彼が祝辞で新入生たちに訴えたかったことは、けっして「親離れせよ」ということ（だけ）ではありませんでした。むしろ主眼は右の引用箇所の最後に出てくる「独創力」の意義であり、さらにはそれを支える基盤としての「人間力」の重要性です。

［……］世界の知の頂点に立つためにも、《独創力》は不可欠です。しかし、《独創力》という前に忘れてはならないものがあります。それは人間力です。人間力は《独創力》を生む母体です。人間力とは、生命あるものへの慈愛や分け隔てなくものごとを扱う平等の精神、他者の気持ちを汲み取る思いやりの心、時には自分を投げ打ってでも公のために立ち向かおうとする自己犠牲の精神など、人間としての基礎があってはじめて発揮される総合力のことです。これは机に向かっているだけでは身につかないものです。大学に入ったからには学問に打ち込むことも必要ですが、人間として成長するためには、学問だけでは十分ではありません。人々と交流し、社会や自然、地球のことを肌で感じる機会を持ってください。

インド洋を渡る船から星空を見上げて感動し、文字通りに「人々と交流し、社会や自然、地球のことを肌で感じる機会」をもってきた人間の言葉であるだけに、この祝辞はひときわ説得力豊かに響いてくるような気がします。

想像力・教養・エンパシー（ロバート キャンベル）

二番目にとりあげるのは、国文学研究資料館長（当時）であったロバート キャンベルが二〇一八年（平成三十年）四月十二日の入学式で述べた祝辞です。

二十代の後半に来日して日本古典文学の研究者となった彼は、自分が「今も解決できずにいる二つの問い」について語っているのですが、そのひとつは「人が他者を理解しようとボーダーを越えた時、その行為が寄り添うこととして喜ばれるのか、それとも行き過ぎた文化への立ち入り、英語でいうcultural appropriationに当たる無神経な模倣や真似として否定されるのか」というものでした。

具体例として、キャンベルは次のようなエピソードを紹介しています。

つい先日、わたくしが生まれたニューヨークのブルックリン美術館では、アフリカ芸術部門の学芸員として三十一歳になるアメリカの白人女性を採用しました。美術史家である彼女の資格に問題はありませんが、ニューヨーク市にある活動家団体は、白人であるということでこの人事に反対しています。さらに自分たちのものでもない文化に越境して入り込み、ということは言い換えれば黒人などを排除してきた欧米における美術史という学問領域も、「美術館」という制度そのものも、legacies of oppression「抑圧の遺産」と見なして、さしあたりこの女性の即刻解雇を要求しています。

美術史という学問も、美術館という制度も、黒人を排除してきた欧米の白人文化の産物なのだから、アフリカ芸術部門の学芸員として白人を雇用することは黒人文化への無神経な侵入であり、cultural appropriation（文化の盗用）である、というわけですが、では逆に、同じ美術館のヨーロッパ芸術部門の学芸員として（じゅうぶんな資格を備えた）黒人を雇用したとして、これに白人たちが抗議して解雇を要求したらこの活動団体はどうするのか、という疑問も自然に浮かんできます。

もちろん、黒人は歴史的に長いあいだ差別される存在であり続けてきたのだから、差別する側であり続けてきた白人との関係はそもそも非対称性をはらんでおり、両者の立場を同列に置いて論じるべきではない、したがって黒人学芸員の解雇要求には正当性がないので擁護すべきである、という反論が返ってくるでしょう。「文化の盗用」は抑圧者にのみ適用されるべき概念であり、被抑圧者については該当しないという論理ですが、それがたとえ他者理解への欲求に基く善意の行為としてなされた場合であっても「行き過ぎた文化への立ち入り」として否定されるべきなのか、というのがキャンベルの提起している問いですから、そう簡単に割り切ることはできません。

ロバート キャンベルは関連する話題として、ドイツで活動する作家の多和田葉子との会話を紹介しています。彼女は福島の原発事故に取材して作品を書いたとき、[51]「当事者ではない人が本当には理解できないことだから書くべきではない」と言われた経験を語り、「自分以外の存在になりきってみる、それができなければ文学は成り立ちません」と言明したというのです。

ここで私は、第8章で扱った吉川弘之総長の式辞を思い出さずにはいられません。彼は阪神・淡路大震災の直後に神戸を訪れ、「被災した人々の恐怖と無念さを、被災せずに、そしてその後も離れた場所に居る私には感じることがむずかしい」と語っていました。まさに「当事者ではない人が本当には理解できない」という現実に直面したわけですが、だから「何もすべきではない」という結論に達するのではなく、あくまでもその理解不能性から出発した上で行動することを選択したのです。

これは多和田葉子が、安易に被災者に寄り添うのではなく、作家としての（すなわち言葉本来の意味での）想像力を発動し、「自分以外の存在になりきってみる」ことで作品を書いたのと同じ志に基づく決断ではないでしょうか。

さらにロバート キャンベルは、自分にたいしてしばしば寄せられる「日本人以上に、日本を知っている」という素朴な賛辞について、相手の善意を思ってこれを受け入れながらも、他方では批判的に反応せずにはいられないジレンマを語っています。そして「今も解決できずにいる」二つめの問いとして、「共感や思いやりと言った誰もが否定し得ない衝動のような気持ちが具体的にどういう条件のもとで、人の幸せに繋がるのか、繋がらないのか」ということを挙げ、「教養」の概念とからめながら次のように述べています。

教養とは、自分の経験から思いも寄らない他者の言葉にふれたり、前時代に起きたことがらに対して思いを馳せ、知ったりすることで自らを変える力を蓄えることだと考えます。むかし日本語で「おもいやる」と書くのに、「想像」、英語の「イマジン」を意味する二つの漢字を当てていました。自分ではない他者の痛みに思いをやる――「やる」は「派遣する」の「遣」と書きます――つまり送り込むことによって、自分のことをふり返る、内省する、前に進む能力を培います。ひっくるめていうと共感、英語で言うエンパシーになります。

いわゆる「シンパシー」と「エンパシー」との違いについてはさまざまな説明があるようですが、大まかにいえば、前者が主として感情的なレベルで相手の気持ちに共感することを意味するのにたいし、後者は相手との価値観の相違を越えて、他者の立場や考えていることを想像し、理解し、共有することを意味すると言えるでしょう。つまりそこには単なる情緒的反応にはとどまらない想像力が介在しているのであり、右の定義で「イマジン」という単語が引き合いに出されているのも、そうした理由にほかなりません。

こうしてみると、教養、想像力、エンパシーといった一連のキーワードが相互に繋がって、他者との接し方に関するひとつの倫理観を形作ってくるのが感じられます。私なりに敷衍すれば、マジョリティはマイノリティとの差異を認識した上でエンパシーをもって接するべきである、しかしマイノリティの側もマジョリティにたいして「自分の立場はあなたにはわからない」といった拒絶的態度をとるのではなく、同様のエンパシーをもって接しなければならない、そうして相互に想像力を働かせながら、常に他者に「思い」を「遣る」ことで自分を絶えず変えていくこと、それが「教養」なのである、ということになるでしょうか。

「ノブレス」になるために（上野千鶴子）

三番目に、そして最後に、上野千鶴子名誉教授[52]が述べた二〇一九年（平成三十一年）四月十二日の入学式祝辞を見てみましょう。

この祝辞はマスコミでもずいぶん話題になり、ネットでも賛否両論が飛び交いましたので、だいたいのことはご存じの方も少なくないと思いますが、その取り上げられ方には良くも悪くもある種のバイアスがかかっていたのではないかというのが、私の印象です。つまり語り手が著名な（括弧つきの）「フェミニスト」であるという先入観から、この祝辞を「長いあいだ女は差別されてきた、そうした土壌を作ってきたのは男の責任である」という、単純なフェミニズムの言説に回収してしまう論調が目立ったような気がするのです。

確かに高等教育において、女性が長らく不利な状況に置かれてきたことは否定できません。第3章でも見たように、東京大学は創立以来ずっと女子学生を門前払いしていましたし、ようやく戦後になって女子を受け入れはしたものの、初年度はわずか一九名にすぎませんでした。そして残念なことに、その後多少の改善傾向が見られたとはいえ、このアンバランスな状況は七十年以上が経過した現在でもなお続いています。

上野千鶴子は医学系の他大学で発覚した不正入試問題[53]から話を始め、具体的な数字を挙げながら、一般に女子受験生のほうが成績優秀であるにもかかわらず、入学率は男子受験生よりも低いという事実を指摘した上で、次のように語っています。

最近ノーベル平和賞受賞者のマララ・ユスフザイさんが日本を訪れて「女子教育」の必要性を訴えました。それはパキスタンにとっては重要だが、日本には無関係でしょうか。「どうせ女の子だし」「しょせん女の子だから」と水をかけ、足を引っ張ることを、aspiration の cooling out[54] すなわち意欲の冷却効果と言います。マララさんのお父さんは、「どうやって娘を育てたか」と訊かれて、「娘の翼を折らないようにしてきた」と答えました。そのとおり、多くの娘たちは、子どもなら誰でも持っている翼を折られてきたのです。

じっさい日本では従来、親が娘にたいして「女の子はこの程度でいい」という刷り込みを小さい頃から繰り返し、大きく拡がる可能性を秘めた翼を折ってしまう傾向がありました。それでも勉学に励んで東京大学に入学してくる女子は一定数いるけれども、「男性の価値と成績のよさは一致しているのに、女性の価値と成績のよさとのあいだには、ねじれがある」ために、彼女たちは入学後も「かわいい」存在であることを強いられ、大学の外では自分が東大生であることを隠そうとしたりする。つまりタテマエの上では平等なように見えても、大学に入る時点ですでに隠れた性差別が始まっているのであって、東京大学も例外ではない。そして社会ではもっとあからさまな性差別が横行しているのだ——このように上野千鶴子は舌鋒鋭く語ります。

ここまで読む限り、確かにこの祝辞は、東京大学を含む社会全体に蔓延している構造的な性差別にたいする告発のように思えなくもありません。しかしその後の文章を冷静に読んでみれば、これが男性社会を一方的に糾弾することを目的としたスピーチとはまったく異質なものであることがよくわかります。

その趣旨は、しばしば引用される次の一節に集約されています。

あなたたちはがんばれば報われる、と思ってここまで来たはずです。ですが、冒頭で不正入試に触れたとおり、がんばってもそれが公正に報われない社会があなたたちを待っています。そしてがんばったら報われるとあなたがたが思えることそのものが、あなたがたの努力の成果ではなく、環境のおかげだったこと《（ママ）》忘れないようにしてください。あなたたちが今日「がんばったら報われる」と思えるのは、これまであなたたちの周囲の環境が、あなたたちを励まし、背を押し、手を持ってひきあげ、やりとげたことを評価してほめてくれたからこそです。世の中には、がんばっても報われないひと、がんばろうにもがんばれないひと、がんばりすぎて心と体をこわしたひと……たちがいます。がんばる前から、「しょせんおまえなんか」「どうせわたしなんて」とがんばる意欲をくじかれるひとたちもいます。

あなたたちのがんばりを、どうぞ自分が勝ち抜くためだけに使わないでください。恵まれた環境と恵まれた能力とを、恵まれないひとびとを貶めるためにではなく、そういうひとびとを助けるために使ってください。そして強がらず、自分の弱さを認め、支え合って生きてください。

自分が恵まれた環境にあったからこそ今日の自分がある。しかし世の中には環境に恵まれなかったために、がんばることすらできなかった人たち、がんばろうという気持ちさえ抱けなかった人たちがいる、あなた方はせっかく環境と能力に恵まれたのだから、そうした人たちのことを常に念頭に置いて、自分の力をそうした人たちのために使ってほしい——これはまさに、矢内原忠雄総長が半世紀以上も前の入学式で語った「諸君の学ぶところを、諸君自身の利益のために用ひず、世のため、人のため、殊に弱者のために用ひよ。虐げる者となることなく、虐げられた者を救ふ人となれよ」（第4章）という言葉と響き合うものであり、林健太郎総長が式辞で紹介した「ノブレス・オブリージュ」（第6章）の考え方そのものです。上野千鶴子が祝辞で訴えたかった主眼はここにあるのであって、女子学生をめぐるさまざまな問題への言及は、あくまでもこのことを言うための導入であったようにも思われます。

そして、まさに環境に恵まれない中で苦労してきた経験から自立の必要性を説く安藤忠雄の祝辞も、文化の横断者として生きてきたがゆえに他者へのエンパシーを問い直さずにはいられないロバート キャンベルの祝辞も、基本的にはすべてこの理念に繋がってくるのではないでしょうか。受験競争を勝ち抜いて東京大学に合格したこと自体が「ノブレス」の証《あかし》でもなんでもないことは、言うまでもありません。新入生たちがまずなすべきことは、これからの時間を使って、「オブリージュ」（義務を負わせる）という動詞にふさわしい本物のノブレスになるべく努力することであり、彼らはその出発点に立ったにすぎないのです。

上野千鶴子は祝辞の最後で、「大学で学ぶ価値とは、すでにある知を身につけることではなく、これまで誰も見たことのない知を生み出すための知を身に付けることだ」と語っています。「知を生み出すための知」＝メタ知識を獲得すること、それこそがノブレスとなるための第一条件であるという彼女のメッセージは、幸運にもその機会に恵まれた新入生たちに向けて投げかけられた厳しくも熱いエールであると、私は思います。

おわりに

東京大学歴代総長の式辞を通読してみると、明治中期から大正・昭和を経て平成へと至る日本の歴史が、いわゆる歴史書に記されたそれとは少し違った角度から見えてきます。式辞の中で言及されているさまざまな事件やその背景となった社会事情を通して、また漢字片仮名混じりの儀式ばった文語調から日常的な口語体へ、「だ・である」調から「です・ます」調へという文体上の変遷を通しても、時代の推移を具体的に感じ取ることができるのではないでしょうか。

戦前までの東大総長の言葉には多かれ少なかれ、その立場ゆえに本音を語ることができなかった息苦しさ、というよりむしろ、本音そのものが時代の重みに圧し潰されて変形してしまった無残さのようなものがつきまとっていたことは否定できません。しかし戦後はそうした有形・無形の外圧がなくなり、各総長はそれぞれの信念に従って、かなり自由に言いたいことを言ってきたという印象を受けました（その分、不用意な発言も散見されましたが）。

いずれにせよ、学問の場であるはずの大学が、しばしば安易に抱かれがちな「象牙の塔」というイメージとは裏腹に、歴史の流れの中で政治や社会といかに深く関わってきた（関わらざるをえなかった）のか、特に太平洋戦争や大学紛争といったわが国の大きな転換点にどのように向き合ってきたのか、本書がそうしたことを考えるきっかけになれば幸いです。

全体を書き終えてあらためて感じたのは、各方面への配慮を周到に張り巡らせた総花的な式辞より、自分の経験に根差したこと、自分が本当に思っていることを率直に語った式辞のほうが、はるかに強い訴求力をもつということです。あらゆる大学の長にとって、入学式や卒業式は自らの主張を学生たちに直接語りかけるまたとない機会ですから、十分な時間をかけて式辞の原稿を練り上げ、ひとつひとつの言葉に思いを込めて学生たちに伝えることは、最も重要な義務であり、かつ最も貴重な権利であると言っても過言ではありません。

アメリカのオバマ元大統領が二〇一六年五月に来日したとき、広島の平和記念公園で行った演説は格調高い名スピーチとして有名ですが、その原案を書いたのがベン・ローズという当時三十八歳の若い大統領副補佐官であったことは周知の事実です。もちろん大統領自身も最終稿には手を入れたであろうと思いますが、ちょっとした言葉の切れ端でさえ否応なく重要な政治的影響力をもってしまう立場にある人間にとっては、些細な失言も命取りになりますから、こうした手段に頼ることにはそれなりの理由があるでしょう。

けれども大学の総長や学長はあくまでアカデミアの人間であって、政治家ではありません。入学式や卒業式で学生たちが聞きたいと思っているのは、優秀なライターが時代のキーワードをバランス良くちりばめて作成した立派な式辞ではなく（そうした式辞なら、すでにＡＩがいくらでも書いてくれる時代になりました）、自分がこれから数年間を過ごすであろう、あるいはこれまで数年間を過ごしてきた学問の場を代表する人間自身の体から湧き出た熱い言葉であり、真摯な信条であり、高邁《こうまい》な理念であるはずです。

そんな彼らの期待に応えるべく、真情のこもった肉声で聴衆の魂を深く揺さぶるような式辞が、これからも全国の大学で次々に生み出され、後世まで語り継がれることを願っています。

本書は新潮新書編集部の大古場春菜さんのご提案を受けて実現しました。大古場さんには企画の段階から細かい編集作業まで含めて、最初から最後まで全面的にお世話になりました。この場を借りて心より御礼申し上げます。

二〇二三年一月

石井洋二郎

【主要参考文献】（刊行年代順）

東京大学百年史編集委員会（編）『東京大学百年史』（東京大学出版会、一九八四年－一九八七年）
寺﨑昌男『プロムナード東京大学史』（東京大学出版会、一九九二年）
日本戦没学生記念会（編）『新版　きけ　わだつみのこえ』（岩波文庫、一九九五年）
東京大学史史料室（編）『東京大学の学徒動員・学徒出陣』（東京大学出版会、一九九八年）
蓮實重彥『齟齬の誘惑』（東京大学出版会、一九九九年）
竹内洋『大学という病――東大紛擾と教授群像』（中公叢書、二〇〇一年。中公文庫、二〇〇七年）
立花隆『天皇と東大――大日本帝国の生と死（上・下）』（文藝春秋、二〇〇五年。文春文庫〈Ⅰ～Ⅳ〉、二〇一二年－二〇一三年）
寺﨑昌男『東京大学の歴史　大学制度の先駆け』（講談社学術文庫、二〇〇七年）
天野郁夫『大学の誕生』（上・下）（中公新書、二〇〇九年）
橘木俊詔『東京大学　エリート養成機関の盛衰』（岩波書店、二〇〇九年）
南原繁研究会（編）『南原繁と日本国憲法――天皇制と戦争放棄とをめぐって』（EDITEX、二〇一一年）
関口安義『評伝　矢内原忠雄』（新教出版社、二〇一九年）
吉見俊哉・森本祥子（編）『東大という思想――群像としての近代知』（東京大学出版会、二〇二〇年）

【脚注】

1　これら一連の事件については、立花隆『天皇と東大（上）』（文藝春秋、二〇〇五年）に詳細な記述があります。

2　山川総長の辞任後、第七代総長に任命された農科大学学長の松井直吉は、混乱の収拾能わず、歴代最短のわずか十二日で辞職しました。したがって、式辞も残っていません。

3「大逆事件」という言葉は天皇等の皇族への危害行為を処罰する「大逆罪」が適用された事件の総称で、過去に四つの事例がありますが、普通は幸徳秋水ら二四名に死刑判決が下された「幸徳事件」を指します（内一二名に死刑執行）。

4　ただし太平洋戦争期間中、および戦後の一時期までは、大学・高等学校・専門学校の修業年限短縮措置がとられた影響で、この原則が崩されたことがありました。

5　これは古在総長の在任中でしたが、病気療養中のため、式典で挨拶したのは卒業式当日に総長代理の辞令を受けた小野塚喜平次です。

6　一九五五年には野村芳太郎監督が同じタイトルのリメイク版を作っています。

7　文部省専門学務局「大学専門学校卒業者状況調」より。

8　一九三七年（昭和十二年）十月一日に開催された藤井武追悼記念講演会のこと。藤井武は内村鑑三門下のクリスチャンで、彼の義妹は矢内原の最初の妻でしたが、二十四歳で死去しています。

9　ほかに、河合栄治郎と親交のあった法学部の蠟山政道教授も辞表を提出しました。ただし大河内一男はその後、師であった河合栄治郎と袂を分かち、辞表を撤回しています。

10「大詔」の前が一字アキになっているのは誤植ではなく、天皇に関連する語句の前は一字空けるという慣習によるものです。

11 この本は「東大学生自治会戦没学生手記編集委員会」の編集で東大協同組合出版部から刊行されましたが、収録対象が東大生だけだったため、二年後の一九四九年十月には「日本戦没学生手記編集委員会」の編集により、対象を全国の大学に広げた『きけわだつみのこえ』が刊行されました。『はるかなる山河に』は絶版となりましたが、収録されていた手記の一部は後者にも収録されていて、本章でとりあげた三名の遺稿はすべて含まれています。ただし一九四九年版の『きけわだつみのこえ』では国粋主義的・愛国主義的な箇所が意図的に削除されており（立花隆はこれを「歴史の改竄」と言い切っています）、一九九五年には削除箇所を復元した新版が岩波文庫から刊行されました。

12『新版　きけ　わだつみのこえ』（日本戦没学生記念会編、岩波文庫、一九九五年）、二〇六－二〇七頁。

13 同前、四二四頁。文中の「跼蹐《きょくせき》」は、「肩身が狭く世をはばかること」の意。

14 一九四四年（昭和十九年）八月の時点で動員された学生数は、文系（法学部・経済学部・文学部）が二、九二七名にたいして、理系（農学部・工学部・第二工学部・理学部・医学部）は二三〇名で、十倍以上の開きがありました。

15『新版　きけ　わだつみのこえ』、一八七－一八八頁。

16 これらの事情については、後に矢内原忠雄総長が卒業式の式辞で触れています（第4章参照）。

17　南原繁「天長節」、『文化と国家』（東京大学出版会、一九五七年）。

18『昭和天皇拝謁記――初代宮内庁長官田島道治の記録』第一巻（岩波書店、二〇二一年）。

19　入学式や卒業式に限らず、さまざまな機会に述べられた南原総長の演説（「演述」と呼ばれます）は新聞等にも全文が掲載され、社会的にも大きな影響を与えていました。

20『はるかなる山河に』（東大新書、東京大学出版会、一九五一年）、五頁。

21　同前、七頁。

22　以下の記述は、おおむね寺﨑昌男『プロムナード東京大学史』（東京大学出版会、一九九二年）に依拠しています。

23　澤柳政太郎（一八六五－一九二七）は官僚出身で、東北帝国大学初代総長を務めた後、一九一三年には第五代の京都帝国大学総長に任命されています。しかし就任後まもなく、教授会の意向ぬきで七人の教授に辞表の提出を求めたことが学内で糾弾され、翌年には辞職しました。この「澤柳事件」は、教授の人事権は教授会にありとする原則を文部省に認めさせることになり、結果的に後の大学の自治確立のきっかけとなりました。

24　ここでは「紳士」とだけあって女性の存在が無視されているような印象を受けますが、旧制の入学式では「教養ある一個の紳士や淑女」という言い方がされていました。

25　丸山眞男『日本の思想』（岩波新書、一九六一年）、一三三頁。

26　同前、一三八頁。

27　一九六一年には山本薩夫監督による映画、『松川事件』が公開されました。
28　前田多門の長男はパスカル研究の世界的権威であった東大教授の前田陽一、長女は精神科医で文筆家としても知られる神谷美恵子です。
29　矢内原総長の退任後にこの原則が適用されて退学処分となった著名人の例としては、のちに東大紛争で中心的な役割を果たした医師の今井澄《きよし》（一九六〇年・六二年の二度）や、政治家となった江田五月（一九六二年）がいますが、彼らもほどなく復学しています。
30　ちなみに一九五五年（昭和三十年）三月二十八日の卒業式の日がちょうど内村鑑三の二十五回目の命日にあたることから、矢内原総長は式辞の中で自分の「恩師」として彼の名前を挙げ、その墓碑銘を（原文は英語ですが、日本語で）引用しています。それは「我は日本のため、日本は世界のため、世界はキリストのため、而してすべては神のため」というものですが、矢内原は「この「キリスト」とか「神」とかいふ言葉を、「平和」とか「真理」とかに置きかへてもよい」と付け加えています。
31　「みめ美しい（見目麗しい）」という表現は、必ずしも男性について用いられないわけではありませんが、やはり多くの場合は女性の容貌について言われます。
32　https://www.c.u-tokyo.ac.jp/info/about/history/dean/2013-2015/h27.3.25ishii.html
33　「肥った豚」という表現は、矢内原忠雄が辞表提出直後の一九三七年十二月二日におこなった経済学部の最終講義で、自分を追い落とした土方成美を皮肉って「私は身体ばかり太って魂の痩せた人間を軽蔑する」と語ったのを聞いた大河内が、その記憶に基づいてミルの言葉をアレンジしたものと思われます。

34「豚とソクラテス 予定原稿を読み落す」(『朝日新聞』一九六四年四月十五日付朝刊)。

35 マックス・ウェーバー『職業としての学問』(尾高邦雄訳、岩波文庫、改訳一九八〇年)。ここに出てくるイェーリンク(通常はイェーリングと表記)は十九世紀ドイツの法学者、ヘルムホルツは同じく生理学者・物理学者です。

36 この討論集会の模様は、『討論 三島由紀夫vs.東大全共闘《美と共同体と東大闘争》』としてその年のうちに書籍化されています(新潮社、一九六九年)。また、半世紀を経た二〇二〇年には『三島由紀夫vs東大全共闘 50年目の真実』というタイトルの映画も公開され、話題になりました。

37 このとき三島由紀夫は、阿川弘之らとともに林の救出を訴えて、全共闘を非難しています。

38『大学の理念と構想』(梅根悟訳、明治図書、一九七〇年)所収。ただしそこでの訳文は、「学校というものは既存既成の知識を教え学ぶところであるのに反して、高等教育施設は、学問をつねにいまだ完全に解決されていない「問題」として、したがってたえず研究されつつあるものとして扱うところにその特色をもつものである」となっています。

39「産学官によるグローバル人材の育成のための戦略」(文部科学省、平成二十三年四月二十八日)。

40 脳死が正式に「死亡」認定の基準として定められるまでにはもう少し時間がかかり、これを含む「臓器移植法」が成立したのは一九九七年十月のことでした。

41 二〇一六年度には後期日程試験が廃止され、代わりに「学校推薦型入試」が実施されるようになっています。

42『東京大学の概要　昭和62年度』（東京大学）より。
43　一九五七年七月にカナダのパグウォッシュ村で開催された第一回会議には、日本からも湯川秀樹、朝永振一郎らが参加しています。
44　吉川総長の式辞の総量は全部で一一〇ページに及び、南原繁や大河内一男のそれを超えて最長になっています。
45　ちなみに伝聞ですが、このことを後で聞いた総長はただひとこと、「軟弱ですねえ」とつぶやいたとか。
46　この言葉は第1章でも引用しました。
47　東條英機のこと。第2章参照。
48　その後の蓮實総長の式辞としては、一九九九年（平成十一年）三月二十六日の卒業式の式辞が「「誇り」の感情」、同年三月二十九日の学位記授与式の式辞が「差異の創造へ」、同じく四月十二日の入学式式辞が「齟齬感と違和感と隔たりの意識」とそれぞれ題されて、『齟齬の誘惑』（東京大学出版会、一九九九年）に収録されています。
49　これらの祝辞は、いずれも東京大学のホームページで読むことができます。
50「ひたすらに走り続ける」（『ＰＨＰ』二〇〇九年一〇月号）。

51『献灯使』（二〇一四年、講談社）に収められた作品群を指していると思われます。
52　ホームページでは「認定ＮＰＯ法人　ウィメンズ　アクション　ネットワーク理事長」という肩書に

なっています。
53　東京医科大学の入学試験で、女性の受験生が一律で不利な扱いをされていた事件。二〇一八年七月の文部科学省汚職事件をきっかけに発覚し、他大学でも同様の不適正な得点調整がおこなわれていたことが相次いで明るみに出て社会問題となりました。
54　祝辞の原文では cooling down となっていますが、ここは cooling out が正しいという訂正のお申し出をご本人からいただきましたので、そのように修正しました。

東京大学の式辞関連年表 （事務取扱の総長は除く）

代	総長（在任期間）	主要事項
		1877. 4　東京大学創立 1881. 7　加藤弘之が初代総理に就任
1	渡辺 洪基 （1886.3－90.5）	1886. 3　「帝国大学」に改称 1889. 2　大日本帝国憲法発布
2	加藤 弘之 （1890.5－93.3）	1890. 7　第一回衆議院選挙 10　教育勅語発布 1892. 2　第二回衆議院選挙
3	浜尾 新 （1893.3－97.11）	1894. 8　日清戦争勃発 1895. 4　三国干渉 1897. 6　「東京帝国大学」に改称
4	外山 正一（1897.11－98.4）	
5	菊池 大麓（1898.5－1901.6）	
6	山川 健次郎 （1901.6－05.12）	1902. 1　日英同盟 1903. 6　七博士建白事件 1904. 2　日露戦争勃発 1905. 5　日本海海戦 8　戸水事件 9　ポーツマス条約
7	松井 直吉（1905.12－05.12）	
8	浜尾 新 （1905.12－12.8）	1909.10　伊藤博文暗殺 1910. 8　韓国併合 1911. 1　大逆事件 1912. 7　明治天皇崩御
9	山川 健次郎 （1913.5－20.9）	1914. 1　シーメンス事件 7　第一次世界大戦勃発 1917.11　ロシア革命 1918. 8　米騒動 11　第一次世界大戦終結 1919. 5　選挙法改正 6　ヴェルサイユ条約 1920. 1　国際連盟発足・加盟
10	古在 由直 （1920.9－28.12）	1923. 9　関東大震災 1924. 1　第二次護憲運動 1925. 4　治安維持法 5　普通選挙法（満 25 歳以上男子） 7　安田講堂落成 1926.12　大正天皇崩御

10	古在 由直 (1920.9－28.12)	1928. 2　普通選挙実施 8　パリ不戦条約
11	小野塚 喜平次 (1928.12－34.12)	1929.10　世界大恐慌 1930. 1　昭和恐慌 1931. 9　柳条湖事件、満州事変勃発 1932. 3　満州国建国宣言 5　5.15 事件 1933. 3　国際連盟脱退
12	長与 又郎 (1934.12－38.11)	1935. 2　天皇機関説批判 1936. 2　2.26 事件 1937. 7　盧溝橋事件、日中戦争勃発 8　国民精神総動員実施要綱 12　矢内原忠雄教授辞職、南京占領 1938. 4　国家総動員法公布 11　近衛文麿「東亜新秩序」声明
13	平賀 譲 (1938.12－43.2)	1939. 1　平賀粛学 7　国民徴用令 9　第二次世界大戦勃発 1940. 9　日独伊三国同盟 10　大政翼賛会発足 1941.10　大学修業年限 3 か月短縮 12　真珠湾攻撃、太平洋戦争勃発 1942. 6　ミッドウェー海戦
14	内田 祥三 (1943.3－45.12)	1943.10　在学徴集延期臨時特例、出陣学徒壮行会 1944. 8　学童疎開 10　レイテ沖海戦 1945. 2　ヤルタ会談 3　東京大空襲、米軍沖縄上陸 5　ドイツ無条件降伏 7　ポツダム宣言 8　広島・長崎に原爆投下、ポツダム宣言受諾、終戦 12　婦人参政権
15	南原 繁 (1945.12－51.12)	1946. 1　天皇の人間宣言、公職追放指令 3　東大戦没並に殉難者慰霊祭 4　初の女性議員誕生 5　東大初の女子学生入学 5　東京裁判開廷 11　日本国憲法公布 1947. 5　日本国憲法施行 9　「東京大学」に改称

15	南原 繁 (1945.12－51.12)	12 1948. 7 12 1949. 5 10 1950. 5 6 7 8 1951. 9	『はるかなる山河に』 全日本学生自治会総連合結成 東條英機ら7名に死刑執行 新制国立大学への移行 中華人民共和国成立、『きけわだつみのこえ』 吉田茂が南原繁を批判 朝鮮戦争勃発 日本労働組合総評議会結成 警察予備隊 サンフランシスコ講和条約、日米安全保障条約
16	矢内原 忠雄 (1951.12－57.12)	1952. 2 4 5 8 1954. 3 7 1955. 7 11 1956. 3 10 12	東大ポポロ事件 GHQの占領体制終了、公職追放令廃止 血のメーデー事件 保安庁発足 ビキニ水爆実験 防衛庁、陸海空自衛隊 六全協 自由民主党結成 教科書法案国会提出 日ソ国交回復、ハンガリー動乱 国際連合加盟
17	茅 誠司 (1957.12－63.12)	1959. 3 11 12 1960. 6 12 1962.10 1963.11	安保改定阻止国民会議 安保改定反対デモ 東大籠城事件 デモ隊国会突入事件 高度経済成長政策 キューバ危機 ケネディ大統領暗殺
18	大河内 一男 (1963.12－68.11)	1964. 8 10 1966. 5 1968. 1 5 6 7 10 11	ベトナム戦争 東京オリンピック開催、中国核実験 中国文化大革命 医学部無期限ストライキ フランス5月危機 東大構内に機動隊導入、法学部を除く全学部ストライキ 東大全共闘結成 全学部無期限ストライキ 総長以下、総辞職
代行	(加藤 一郎)	12 1969. 1	東大入試中止発表 七学部集会、東大確認書、安田講堂攻防事件

19	加藤 一郎 (1969.4－73.3)	5 1970. 3 6 11 1972. 2 5 9 1973. 1	三島由紀夫・東大全共闘討論会 大阪万国博覧会 70年安保闘争 三島由紀夫割腹自殺 連合赤軍あさま山荘事件 沖縄返還、テルアビブ銃乱射事件 日中国交正常化 ベトナム和平協定
20	林 健太郎 (1973.4－77.3)	7 10 1976. 2	ドバイ日航機ハイジャック事件 第四次中東戦争、第一次オイルショック ロッキード事件
21	向坊 隆 (1977.4－81.3)	1977. 9 1979. 1 1980. 9	ダッカ日航機ハイジャック事件 米中国交正常化、第二次オイルショック イラン・イラク戦争
22	平野 龍一 (1981.4－85.3)	1983. 9	大韓航空機撃墜事件
23	森 亘 (1985.4－89.3)	1985. 5 8 1986. 4 12 1989. 1	男女雇用機会均等法成立 日航機墜落事故 チェルノブイリ原発事故 バブル景気の始まり 昭和天皇崩御
24	有馬 朗人 (1989.4－93.3)	6 11 12 1990. 8 10 1991. 3 7 12 1992. 2 6	天安門事件 ベルリンの壁崩壊(東欧革命) 冷戦終結宣言 湾岸戦争勃発 東西ドイツ統一 バブル崩壊の始まり 大学設置基準の大綱化 ソビエト連邦解体 マーストリヒト条約 地球サミット
25	吉川 弘之 (1993.4－97.3)	1993. 8 1994. 6 1995. 1 3 9	細川連立政権成立 松本サリン事件 阪神・淡路大震災 地下鉄サリン事件 フランス核実験
26	蓮實 重彦 (1997.4－2001.3)	1997. 7 12	英国が香港を中国に返還 京都議定書

石井洋二郎　1951年生まれ。専門はフランス文学・思想。東京大学教養学部長、理事・副学長などを務め、現在中部大学特任教授、東京大学名誉教授。『ロートレアモン 越境と創造』など著書多数。

Ⓢ新潮新書

988

東京《とうきょう》大学《だいがく》の式辞《しきじ》
歴代総長《れきだいそうちょう》の贈《おく》る言葉《ことば》

著　者　石井洋二郎《いしいようじろう》

2023年３月20日　発行

発行者　佐　藤　隆　信

発行所　株式会社 新潮社

〒162-8711　東京都新宿区矢来町71番地
編集部(03)3266-5430　読者係(03)3266-5111
https://www.shinchosha.co.jp

装幀　新潮社装幀室

図版製作　クラップス

印刷所　錦明印刷株式会社

製本所　錦明印刷株式会社

ISBN978-4-10-610988-1　C0237

価格はカバーに表示してあります。